起業・後継社長に伝える経営力
200訓

二条　彪　著

セルバ出版

はじめに

経営をするためには、お金のこと、人のこと、商品のこと、お客様のことなど、様々なことを知っていなければいけません。社長は、たくさんの知識を得て、確実に経営をすることが求められています。

それでは、知識を得れば、間違いなく経営をしていくことができるのでしょうか。

経営に関する知識が豊富でも、実際に経営をしてみると失敗する社長はたくさんいます。知識だけで経営を確かなものにすることは難しいようです。

知識がなくても、経験を積んでいけば大丈夫でしょうか。経営は経験が大切といわれます。社長を20年、30年と続けていけば、うまくいくのでしょうか。

長年社長をしていても、会社を倒産させてしまう社長はたくさんいます。社長を長くやれば、立派な経営ができるわけでもないようです。

社長は、「当たり前」のことを「当たり前」のようにできなくなって、会社を潰してしまいます。経営において、最も高度な技術は、「当たり前」のことを「当たり前」に確実に実行していくことなのです。

「当たり前」のことを「当たり前」のように行うためには、「なぜ、これが必要なのか？」という「a reason of why＝なぜ？の理由」を社長自身がしっかりと掴んでおく必要があります。

なぜ、経営理念を作る必要があるのか？

なぜ、コミュニケーションをとらなければいけないのか？

なぜ、社員教育をしなければいけないのか？

なぜ、経理財務がわからなければいけないのか？

なぜ、危機意識が必要なのか？

なぜ、後継者は悩むのか？

なぜ？　の理由がわからなければ，「当たり前」のことを「当たり前」にすることが、いかに大切なことかが理解できません。

経営者の「なぜ？」という素朴な疑問に答え、素直な心と豊富な知識の重要性を知ってもらえれば、との一念で200の教訓を書き上げました。

経営のジャンル別にもまとめてみました。最初から順番に読んでいただいても、気になるところから、読んでいただいてもかまいません。

大切なことは、「なんだ当たり前のことばかりだ」と切り捨てずに、一つ一つの教訓に対して，自分の考えを持つことです。

そして、なぜ、こんな当たり前のことが大切なのか？　そこに想いを馳せることです。

昔、社長時代に、どこかのセミナーで聞いた法則があります。

ABCの法則といわれるものです。

A：当たり前のことを

B：バカみたいに

C：ちゃんとやる

経営は、このABCができなくなって、おかしくなっていくことを肝に銘じてください。

経営は、広くそして奥深いものです。常に未完であり到達点は永遠に見えません。本書が、捉えどころのない経営に日々奮闘している多くの経営者の心の拠り所となれば、筆者のこのうえない喜びです。

2006年２月

二条　　彪

起業・後継社長に伝える経営力200訓　目　次

2 人間関係とコミュニケーション

3 経営理念と経営戦略

4 経理財務と金融機関交渉

5 人事管理と社員育成・研修

6 経営危機とリスクマネジメント

7 人脈形成とブレーン活用

8 事業承継と後継経営

1
訓

閾値を超えろ

「閾値」とは、閾値を超えるまでやり遂げなければ、やらなかったことと同じ状態に戻ってしまう、そんなボーダーラインのことをいいます。

閾値を超えるまでやらなければ、何事も身につきません。

ゴルフにしても、楽器にしても、絵にしても、人間関係にしても、なんにしても…。

もちろん、経営にしてもです。

経営戦略も大切です。現実に対応する戦術も大切です。

しかし、もっとも大切なのは、一心不乱にがむしゃらに頑張る、という心構えです。

これなくして、成功はありません。

こんなことをいうと、また精神論か、と思う方もいるかもしれません。

闇雲に頑張ってもだめだよという方もいると思います。

しかし、「量は質を凌駕する」ものなのです。

最後は、あきらめずに一心不乱にやった者が勝つのです。閾値を超えるまで何事も身につかないのです。

中途半端な人間は、何をやっても中途半端です。

閾値を超えた経験がある人間は、すべてにわたって真剣に真摯に一生懸命取り組みます。

あなたは閾値を超えるまでやっていますか？

2
訓

情理を兼ね備える

ベテランの創業社長は、感覚的なものも理性的なものも持ち合わせている人が多いようです。なぜなら、どちらか一つでは、創業しても間もなく会社は潰れてしまうからです。

人の気持ちがわからない人は経営ができません。なぜなら、経営は人間関係抜きに行うことができないからです。

だからといって、情に流されていては自分を見失ってしまいます。冷静に物事を見ていくことが求められます。

この点について、後継者はどうでしょうか。

筆者がお会いしている限りですが、後継者の皆さんは経営がわからないので、どうしても頭で理解しようとしてしまうようです。「理」で理解し行動しようとしてしまうのです。

今の30歳代から40歳代前半にかけての後継者は、全国的にとても勉強熱心な方が多いように感じます。だからこそ、理屈で経営を考え実践しようとなってしまうように考えます。

あまりあれこれ考えないほうが、よいのではないでしょうか。

あれこれ考えることもよいことではありますが、過ぎてしまっては自分も周囲も混乱するだけです。あれこれ考えたけれど、「最後はえいや～～！」でやってしまいました！　そんなやり方でも、うまくいくこともあることを知っておいてほしいと思います。

経営者にとって“情理兼ね備える”ことは、理想の境地であるかもしれません。それこそが、強く地に根を張った、本物の社長ではないでしょうか。

自分に偏りがないか、今ひとつ確認してみることも大切かと思います。

3訓

自分で悩み自分で答えを出せ

人は、誰でも正解を求めるものです。

誰かに正解を出してもらって、従ったほうが楽です。しかし、それは自分で出した答えではありませんから、いつか疑問を感じ、また正解を求めて彷徨うことになります。

受験戦争の影響で、人は正解を出さないと気がすまないともよくいわれます。受験戦争の影響かどうかは別として、白黒はっきりさせたがる傾向があるようです。

しかし、人の心は、正しいと・間違っているという二元論で成り立っているわけではありません。

正しいかもしれないが、でも間違いかもしれない。正しくはないかもしれないが、間違いともいい切れない。

そんな葛藤を抱えたグレーゾーンが、人の心です。グレーゾーンは、あいまいで、はっきりせず、イライラするものです。善悪決着をつけて、すっきりしたくなるものです。

他人に、「これはよし！」「これはだめ！」といってもらえば、どんなに楽でしょうか。しかし自分の心のグレーゾーンは、自分にしかわかりません。

他人に善悪をつけてもらっても、それは偽りであり、また自分が悩むことになります。

答えは、自分で出すしかありません。答えは、自分の中にあるのです。そして、答えは自分の中にしかないのです。

自分と直面することを避け、悩まず考えない人は、自分で答えを出すことができず、いつも他人に依存した生き方をしていかなければいけません。

自分が納得する答えは、自分で悩み考え出すしかないと観念することです。自分と対話することで、最善の答えを導き出してほしいと思います。

4訓 無知の知

“無知の知”とは、知らないということを知っているということです。

この世のすべての知を頭に詰め込むことは不可能です。すべてを詰め込むには、人生80年はいかにも短かすぎます。

この世のすべての知を知っているわけでもないのに、「おれはなんでも知っている」と思っている人がいるものです。
知らないことのほうが多いのに……。

正反対に、「それは知らなかった！」「これも知らなかった！」と、まるで子供のように目を輝かせながら好奇心をもち続けている人もいます。
そんな人は、ほんとうにものを知らないアホな人なのでしょうか。

そんなことはありません。

“知らない”という勇気を持っているのです。
知らないことのほうが多いのだから、知らないという前提で何事にも接していったほうが、得るものは大きくなります。
常に謙虚で学ぶ姿勢を持ち続けることが、とても大切なのです。

“無知の知”

あなたは、いままでにどんな「知らない」ということを知りましたか？

5
訓

何かを成すには我慢が必要だ

あれもほしい。これもほしい。
あれもしたい。これもしたい。
人の欲望は、限りがありません。
だからこそ、モノが売れていくのでしょう。

しかし、あれもこれもすべてをねだっていては、何も手に入りません。なにかを我慢することが必要です。

社長は、あれもこれもほしがってしまいます。
売上も、利益も、優秀な社員も、最新の設備も、多額の融資も、何もかも…。そんなに一度に望んでも、手に入りません。

ほしいことを少し我慢して、一つだけに絞ることも大切です。
何かを成し遂げている社長は、実はそれと引き換えに何かを我慢していることが多いものです。

我慢が大きければ大きいほど、成し遂げることも大きいように思います。
あなたは、何かを我慢していますか？

6訓

苦しいときは次への準備期間

苦しいときは、この先どうなるか、一寸先は闇と思ってしまいます。

ずっとこの苦しいときが続くのではないか？　そんなふうに思ってしまい、気分は塞ぎがちになってしまいます。

苦しいときは、どんな人にもあるものです。順調がずっと続くわけもありません。

しかし、苦しいときがずっと続くわけもありません。

山あり、谷あり。いいときもあれば悪いときもあるものです。

だから、苦しいときは、次への準備期間と考えると少しは気分も和らぎます。

筆者は、6年前、会社を潰しました。

人生最大の試練も、この一言で終わってしまいます。しかし、想像を絶することの連続で、重苦しい日々でした。これで、「俺の人生も終わりなのか！」、そう思う日々が続きました。

今思うと、あの苦しい日々は、今のための準備期間だったのでしょう。苦しい日々でも、明日を諦めず、来るべき明るい未来のために準備に心がけたから今があるのではと思います。

筆者の16年間の社長時代も、ずっと苦しく辛い毎日でした。

「なぜ、俺だけこんな思いをするのか！」、そんな日々が長く続きました。それも、今のお役に立つべく日々の準備期間であったと思います。

辛く苦しいときも、決して諦めず、次への準備をしているのだと思い、日々を過ごしてください。

きっと霧が晴れ明るいときが来ると信じています。

7訓

恩義を大切にする

経営をする立場の人間にとって、何が大切なのでしょうか。それは昔からいわれるように、「信用」です。

あの人なら間違いはない。あの人のいうことなら大丈夫。あの会社なら安心だ。そんな信用がとても大切です。

「この会社が売っている商品は間違いがない」「この店の料理は絶対大丈夫。いつ行ってもおいしい」「この社長のいうことなら、安心できる」―そんな「信用」があるから、商売は成り立っていきます。

信用は目に見えませんから、「それこそ信用できない！」なんていう人もいるかもしれません。しかし、目に見えないものこそ大切にしなければいけないのが経営です。だから、目に見えるものしか信用しない経営者が、会社を破綻させていってしまうのです。

信用は、何によって生まれるのか？　それは、いつも同じ品質で提供する。間違うことがない。早い。確実。アフターフォローがしっかりしている。いろいろあるかと思います。

そんな中で、忘れてはいけないことは“恩義を大切にする”ということです。恩義は目に見えません。だから、軽視しがちな人が多いものです。しかし、恩義を忘れず、それに報いるように行動していけば、必ず信用はついていきます。

若い経営者や、起業家、創業者には、この「恩義」という言葉を知らない人が多いように思います。メリット・デメリットだけで考え、利用するだけ利用して、踏み台にして自分は上に行く。そんな「自己中心的」な人たちが多いように感じるのは筆者だけでしょうか。

そんな人たちは、必ずしっぺ返しを食らいます。自因自果です。

どんなに順調にいっても、どんなに金持ちになっても、どんなに成功したと思っても、それまでお世話になった方々の「恩義」を決して忘れない社長になってほしいと思います。

8訓 流れを見極めろ

めまぐるしく時は流れ､その流れについていかないと落ちこぼれてしまう。そんな脅迫観念にとらわれて、「なんでも急がなきゃ！」とあせってしまう人がたくさんいます。

経営は、効率よく行いなさい。もっと、スピード経営を目指しなさい。そんなふうに、どこかで、学んできて実践している社長も多いものです。

しかし、経営には、結論を急いではいけないこともあります。その区別を間違ってはいけません。

特に人に関することは、急いで決めすぐに実行することを慎むことが大切です。

じっくり熟考して、結論を出すことです。

後継社長は、とかく急ぎがちです。

「すぐに結果を出さなければ！」「早く実績を上げなければ！」。

そうしてあせり、判断を誤り失敗の道を進んでいきます。

筆者の経験からは、急ぐとろくなことがない、ということです。筆者は、かなりのせっかちです。だから、思いついたらなんでもすぐにやって結果を得ることを求めてしまいます。

そうやって、たくさんの失敗をしてきました。今思えば、もっとゆっくりやればよかったと思います。

経営には流れがあります。流れに逆らっていくら急いでも先には進めないのです。

社長にとって必要なことは、結論を急ぐことではなく、流れを見極めることなのです。

9
訓

損得を先に考えない

商売は、損得勘定が大切です。儲からないことを続けることは、道楽と同じだからです。

商売であれば、利益を出して行くことは、空気のごとく当たり前に行わなければいけません。

しかし、損得が先に来てはいけません。何か売るとき、提供するとき、儲かるか、損するか、その計算が先に来るようでは、まだまだです。

繰り返しますが、損得は大切です。それ抜きに商売はできません。申し上げたいのは、“損得を先に考えるな！”ということです。

まず先に考えてほしいことは、「これを買って（または利用して）、お客様は喜んでくれるだろうか？」ということです。

当たり前のことですが、お客様は、「自分がうれしい！」「楽しい！」「得する！」、そんなものにお金を払うものです。

あなたが、一消費者の立場に立てばわかることです。何かしらのいいことを感じなければ、1円も払いたくない。これは、今も昔も変わらないお客様の共通した価値観です。

自社の商品やサービスを提供するとき、「利益が出るか？　損するか？」と考えるのではなく、「これでお客様が喜んでくれるだろうか？」と考えていくのです。

お客様が喜んでくれれば、お金を払ってくれます。お金を払ってくれれば売上がたって、利益も出ます（ちゃんと原価を抑えていればですが…）。

売上は、お客様が喜んでくれた結果です。喜んでくれるだろうかを考えずに、儲かるか損するかを考えることは、視点がズレているのです。

お客様が喜んでくれることをし続ける。そんな「志」こそ、商人に求められる時代だと理解してほしいと思います。

10訓

一途に精進しているか

一心不乱に…。我を忘れて…。思い切って…。一途に…。

そんな精神論じゃ～なんていう声も聞こえてきそうです。

しかし、なにごとも、我を忘れるくらい一途に精進しなければ、成し得ないように思います。それだけ、集中力が求められるということです。

一途になるためには、そのことが「好きなこと」である必要もあるでしょう。好きな人であれば、一途になれることと同じです。何もかも忘れて集中するためには、好きなことでなければ、なかなか難しいものです。

また、一途になるためには、志も必要でしょう。

「こんなことをして役に立つんだ！」

「こんなことをして貢献していくんだ！」

そんな高い志がなく、すべて打算・損得で動けば、一途になることはできません。

立派に経営をしている後継者の皆さんにお会いしていると、皆さん、会社の商品や仕事、社員に「誇り」を持っています。これこそ、一途にやってきて得たものだと思います。

筆者は、自分では一生懸命やってきたつもりではいたけれども、結局、他人のせいにしていて、「誇り」を手にすることができませんでした。

だから、自社に「誇り」を持っている社長の皆さんをうらやましくもあり、また素晴らしいと尊敬もします。

これからの人生では、「誇り」を持てるように仕事をしていきたいと思っています。

皆さんはどうですか？　自分の仕事、商品、社員、そして会社に「誇り」を持っていますか？　一途にやっていますか？

11訓 不動の心

“不動の心”とは、どんなことがあっても、揺るがない心のことです。何が起きても、どんなことに直面しても、動じない強い心です。

社長には、この“不動の心”が求められます。何か起きるたびに、あたふたしていたら、社員も動揺してしまいます。

大将は、どんなときでも、堂々としていなければいけません。

筆者は、小心者ですから、何か起きるとすぐドキドキしてしまいます。慌てることもたびたびです。冷静さを失って、意味不明のことを口走ったりします。これではいけません。

揺るがない心を手に入れたいと思い、15年前に合気道の門をくぐりました。強くなれば、心は動揺しなくなるのでは、と思ったのです。これは効果はあったように思います。力の強さが自信になり、動じない心に結びつくこともあるのだと思いました。

要するに、何か一つでも自信があることがあると、心は動じないということです。

力を強くすることだけではありません。「これだけは、そんじょそこらの人には負けないぜ！」、　そんなことでもいいのです。これだけは負けない。そんな自信が、不動の心を作っていくように思えます。

あなたは、不動の心を持っていますか？

揺れ動くことを責めてはいけません。心が揺れ動くことによって、人は様々な環境に適応していくものです。揺れない強固な建物は、地震が来ると倒れてしまいます。多少、揺れる建物のほうが地震には強いものです。

人も同じで、多少揺れる人のほうが強いのです。

しかし、芯は揺れてはいけません。柔らかく揺れるけれども、芯はしっかりと不動である。そんな社長を目指してほしいと思います。

12訓

知識がなければ知恵は出ない

何事も努力は大切です。努力して努力して、物事は成し遂げることができるものです。

これからの時代、まやかしはますます通用しないようになっていきます。

しかし、努力しても努力しても、実にならないことがあります。逆に、自分ほど努力していないにも関わらず、物事を成し遂げていく人もいます。

この差は、才能でもセンスでもありません。持てる知識の差です。

知識という武器を持てば持つほど、努力の質は変わっていくものです。

勉強を重ね、知識を蓄えていくと、今までほど努力しなくても成果が出るようになります。

努力の質が変わっていくのです。

よく講演会で申し上げていますが、「知識がないと知恵は出ない」ものです。また知識を得ると、今までと同じ努力をしても、成果は目に見えてよくなります。

知識を得ることは、たくさんのよいことがあります。

知識は、自分の身にしていかなければいけません。そのためには、反復して覚えこんでください。

何度も繰り返し反復することによって、言動に知識を反映させていくことができるのです。

諦めずに、知識の習得に時間を割いてほしいと思います。

13訓

心の力をつける

知識があっても、経験を積んでいても、経営は失敗をしてしまいます。
知識や経験があっても､心が貧しければ経営はおかしくなってしまいます。
心の成熟度が、経営者には問われるのです。

心の成熟度とは、どんなことでしょうか。
「人の話を聴くことができる」
「自分の言いたいことがちゃんと言える」
なんだ！　当たり前のことじゃないか！　そんなふうに思う方もいるかと思います。
しかし、人の話を聞き自分を伝えることがいかに難しいか！　コミュニケーションスキルを学べばよく理解してもらえるはずです。
それでは、コミュニケーションスキルさえ、身につけていればいいのではないでしょうか？
スキルだけでは､まだまだ経営の難所を乗り越えていくことはできません。

経営には、様々な難所・障害が待ち受けています。そんな難所を乗り越えていくためには、“心の力”が求められます。
強い心。なにものにも動じない心。ここぞというとき、向かっていく心。そんな筋力いっぱいの心が求められます。
心の筋力は、筋肉と同じく、様々な逆境にぶつかり乗り越えることによって鍛えられるものです。
難題が目の前に来たとき、心の筋力を鍛える絶好の機会だと捉えて、前向きに向かってほしいと思います。

心の力をつける。
難関にも強く立ち向かっていける強い心の持ち主になってください。

14訓 広い見識を持て

経営は、判断の連続です。
判断という点をつなぎ合わせていったものが経営ともいえるでしょう。
判断や意思決定の質を上がることは、当然組織や経営全体の質を上げることに直結します。判断の質を上げることなく、会社の質を上げることは不可能です。

では、どうやって判断の質を上げればいいのでしょうか。
それには知識が必要です。知識がなければ、判断も稚拙なもので終わってしまいます。

では、知識だけでいいのでしょうか。
人の痛みや苦しみを感じる心のアンテナも持っていなければいけません。
では、人の痛みがわかるだけでいいのでしょうか。

筆者は、知識や心のアンテナを含めた“見識”が必要だと考えています。
“見識”は、知識や心のアンテナだけではなく、芸術・歴史などの造詣の深さなども含まれます。
本質を見極める目、洞察・観察する目もそうでしょう。
もちろん、常識も含まれます。
総合的な「知と情」が見識だと思います。

優れた見識が判断の質を高めていきます。
だからこそ、人々を代表する社長は、己の本能に逆らって自らを磨いていく必要があるのです。

15
訓

基礎なくして応用なし

以前、東大合格を目指す落ちこぼれ高校生と熱血教師のテレビドラマがありましたが、そこでも、15訓と同じような台詞がありました。

東大に合格した経験がありませんから、このドラマを見ただけの話ですが、東大というところは「基礎」がしっかりできている学生を合格させるそうです。それは、基礎がしっかりしていないと独創的なアイデアが出ないからです。

学者も、基礎研究がとても大切だそうです。

これは、筆者自身、会社を潰し再学習して本当にそのとおりだと認識しました。

23歳で社長になってからというものは、はっきりいって独学でした。独学といっても、いろいろな講演会に行ったり、1日セミナーに行ったり、自分なりに勉強をしていた「つもり」でした。

しかし、会社を潰して1年かけて勉強をやり直し、なんて基礎を知らなかったんだろう、なんて基礎ができていなかったんだろう、と思うことがたくさんありました。そんな気づきと反省の毎日でした。

基礎の勉強とは、具体的にはこんなイメージです。「こんなこと勉強しても毎日の業務にはまったく役に立たない気がする」、そんなことを勉強していくことです。

知識は積み上げていかなければいけません。基礎は、いつも見えず、縁の下の支えです。まさに家の基礎と同じです。

しかし、基礎がなければ、応用し日常の業務に活かしていくことは決してできません。

中小企業の社長は、特にこの基礎学習を馬鹿にし、おろそかにしがちです。

「こんなの勉強したって、売上は上がらないよ」、この一言で終わらせてしまいます。筆者もそんな社長の一人でした。

それでは、これからはいけないのです。

基礎力が問われる時代に入っていることを知ってほしいと思います。

16訓 緻密な計算で軽い口

16訓は、筆者がサラリーマン時代に先輩から教わった言葉です。
営業は、「こうでなきゃいかん！」。そんなふうに教わりました。

お客様をどうすれば攻略できるか？　お客様をその気にさせるためには、ノープランではうまくいくわけがありません。緻密な計算をして、買っていただくための手はずを整えなければいけません。
考えが浅く未熟では、営業は務まりません。

しかし、知性が全面に出ると、お客様は買ってくれません。なぜなら、自分より頭がいい人から買うことは、納得できないからです。
無意識に、そう思うのが人の心です。

だからこそ、軽い口が必要になってきます。
「こいつ、アホだな～」。そんなふうに思わせて、和ませることも求められるのです。
筆者は、ただこれをそのまま愚直に守り営業をしましたので、成績が先輩達を超えてしまい、社内が変な空気になってしまったことを覚えています。

社長が行うトップセールスにも、これは当てはまると思います。
特に軽い口が大切です。
変なプライドなんか、生ゴミと一緒にポイ！　です。
ぜひ、トップセールスを成功させてください。
なぜなら、セールスは人の心を打つことであり、社長は人の心を打てなければ社長を続けられないのですから……。

17
訓

社長は独裁者ではない

社長は、人々の代表であり、人々を引っ張り勇気づける立場です。
しかし、ともすると、引っ張ることが強引になってしまったりします。

リーダーと独裁者はどう違うのでしょうか。

独裁者というイメージは、どうも、人の意見を聞かずに自分だけで決めて進めていってしまう独善的なイメージがありますが、いかがでしょうか。
では、リーダーとはなんでしょうか。人の意見を聞き入れるだけでもなさそうです。
強引と思えるほど引っ張ることも、リーダーには求められます。

ただ漠然とリーダーという言葉を使ったりするのではなく、自分なりの「定義」を明確にしておくことが大切です。

「経営とは何か？」
「会社とは何か？」
「人材とは何か？」
「利益とは何か？」

普段なにげなく使っている経営の言葉の「定義」を自分なりに持つ。こんなところからも、社長としての立ち振る舞いに影響が出るものです。

筆者は、社長はリーダーではあるけれども、独裁者ではないと思います。
皆さんはいかが思いますか？
社長のリーダーシップ・スタイルって何でしょうか？
これを機会に自分なりに考えてみてはいかがでしょうか。

18訓

慣れは恐い

慣れは、恐いものです。長く続けていると、何事も当たり前と思ってしまい、緊張感がなくなってしまいます。

車の運転も、慣れたころに事故を起こすとよくいいます。“もう大丈夫だ”という安心感と油断が、ちょっとしたミスを招いてしまうのでしょう。

経営も同じです。

社長になって数年は、経営の当事者ですから、すべての決断を自分がしなければいけないという緊張感があります。

だから、どのような意思決定も、これでいいのだろうか？　と自問自答し、慎重になっていきます。小さな疑問も、ブレーンに聞いて確かめていくようになります。取るに足らない悩みも積極的に打ち明け、よりよい自分を目指していきます。

しかし、社長を10年も20年も続けていくと、何でも経験をしてきて大丈夫という油断が生まれます。過信・慢心も生まれます。緊張感がなくなることはありませんが、小さなことを見逃し、あとで取り返しのつかないことを招いてしまいます。

慣れは恐いものです。

慣れをなくすためはどうすればいいでしょうか。

とにかく常に学ぶ姿勢を持ち続け、謙虚になるしかありません。面倒くさがらずに、知識吸収にも積極的にならなければいけません。

誰でも慣れという大きな関門があることを自覚してほしいと思います。

19
訓

女房の悪口をいうな

耳が痛い！　そんな方もおられるかと思います。

会社を破綻させる社長には、家庭がうまくいっていない人が多いとよく講演会で話をします。時々、質問を頂戴します。「なぜ、家庭がうまくいっていないとダメなんですか？」「仕事と家庭は別だから、関係ないじゃないか！」というご意見のようです。

手形も落とせず、会社が潰れる！—そんな社長に、「ところで奥さんはなんておっしゃっていますか？」と聞くと、たいがいは、「女房は関係ないだろ！」とか「女房とは話しをしない」という方が多いのです。

「ああ、家庭がうまくいっていないな」とわかってしまいます。家庭は、人間関係の基礎単位です。人間関係の出発点ともいってよいでしょう。

すべてが、とはいいませんが、人間関係で問題を起こす人のほとんどは、家庭に問題があることが多いのです。

社長として、女房一人幸せにできない人間が、何十人という社員を幸せにすることなどできないのです。

人間は、一事が万事。一つのことを満足にできない人間が、もっと大きなことなど決してできないのです。

一番身近でいとおしい存在である、女房の悪口をいう人は、他の人の悪口も絶対にいう人です。

“人の悪口をいうな！”とまで綺麗事をいうつもりはありませんが、家族の悪口だけはやめてほしいと思います。

20訓

一芸に秀でる者は百芸に通ずる

何か一つ打ち込んで、これだけは誰にも負けない、というものがありますか？

学生時代のことでもなんでもいいのです。

経営をうまくやっている社長には、何か一つくらいは自慢できるものがあるものです。

一つでも自慢できることがあると、それが自分の魅力として現れ、周囲を引き付けていくのです。

何もない人は、社長としては、薄っぺらに見えてしまうのです。だから、周囲が魅力を感じず、集まらなくなります。

なんだか知らないけど、あの人の回りに人が集まるよね。

そんな人をよく観察してみてください。また、いろいろ聞き出してみてください。

「ああ、なるほど！」

そんな合点のいく何かがあるはずです。

一つのことをまともにできない人間は、何もまともに成し得ることはできません。

中途半端な人間は、すべてに中途半端で終わります。

中途半端だけはしないと、心に誓ってほしいと思います。

21
訓

いわなければ気がすまない病

何かと演説しないと気がすまない社長がいます。

今までで、一番ひどいなぁと思ったのは、社員の結婚式に主賓として出席していた社長さんが、主賓の挨拶で演説が始まってしまったことです。

お祝いの言葉など最初の一言二言で終わってしまい、あとは自社の厳しい環境や取り組んでいることなどをとうとうと語り、最後は、社員である新郎に説教まで始めてしまいました。主賓の挨拶ですし、誰も止められず、重い雰囲気の中、披露宴が始まることとなりました。

指名されると、何かいわないと気がすまない。

会議やミーティング、フリートーキングなどで、とにかく自分が最後に発言しないと気がすまない。

そんな人は、よく見受けられるものです。

どうして、演説を始めてしまうのでしょうか。それは、驕りとうぬぼれと甘えです。自分は、なんでもわかっているといううぬぼれと、自分はいいたいことをいっても大丈夫だろうという甘えです。

どうして、最後は自分が発言しないと気がすまないのでしょうか。それは、価値観の勝ち負けなのです。最後に発言しないと、負けた気がする。だから、最後は自分が仕切らないと気がすまないのです。

“いわなければ気がすまない病”にかかってはいませんか？

謙虚な社長ほど、業績は安定し事業承継もうまく行っています。“いわなければ気がすまない病”の社長ほど、社員は萎縮し業績も芳しくありません。

こんな病にかかっていないか、今一度自分をチェックしてみてください。

22訓

運は呼び寄せるもの

いうまでもなく、運はとても大切です。運がなくて、どれだけの人が涙を飲んできたでしょうか。

社長にも運がとても大切です。ついている人は、とことんついているように思いますし、ついていないと「何で俺だけ？」と悲観的になってしまいがちです。

松下幸之助さんも、「運のいいやつを採用しろ！」といったことがあるそうです。

しかし、ほんとうに運は、神様仏様任せなのでしょうか。

運がいい人は、なんでも運がよいようですが、ただ、寝て待っているだけなのでしょうか。

どうもそうは見えません。

筆者が見ている限りでは、運がいい人というのは、自分から運に寄っていっている。自分から近づいている。そんな気がします。

“運を呼び寄せよう！”とはよくいわれることですが、どうも自分が動かずに呼び寄せるのではなく、自分から寄っていく。そんな感覚が大切なように思います。

自分から寄っていくためには、寄っていっていいのか悪いのか、その見極めができないといけません。これだ！　そんなふうに感じる嗅覚が必要になってきます。

「運がないなぁ」と嘆く前に、自分から近づいて行ってはどうでしょうか。そのほうが、はるかに早く結果が出るように思います。

23訓 考えるよりも感じることが大切

「この問題にはどう対応すればいいか？」「この課題はどのように克服すればいいか？」。ビジネスの世界では、常に先を考え常に最適解を導き出すことが当たり前となっています。

考える。そんな習慣が当たり前となっていますが、考えることだけでよいのでしょうか。

経営は人と人との営みです。人間関係抜きに経営を考えることはできません。人間関係は、人の感情の上に成り立っています。人の感情・気持ちを無視して経営はできないのです。

この経営の「本質」を見誤ってはいけません。

ということは、経営の現場で求められることは、「考える」ことよりも「感じる」ことのほうに重きを置くことではないでしょか。

この問題の関係者はどう思っているのか？

この課題の当事者はどう感じているのか？

お客様は、どう感じているのか？

わが社の社員は、どう思っているのか？

取引先は、何を感じているのか？

そして、自分は、どう感じているのか？

感じることから進めていくことのほうが、よりよい答えにたどり着くことができるのではないでしょうか。

感じることを社長が大切にしたほうが、血の通った経営となり、お客様もファンになってくれることのほうが多いのです。

理詰めで経営はできないことを、知っておいてください。

24訓 耳と口だけで経営をするな

耳と口だけで、経営をしてはいけません。

耳とは、人の話だけを聞いて判断をしていくこと。

口とは、よく確かめもしないで、指示・命令していくこと。

耳と口だけの経営は、現場を回らない社長ということです。お客様の生の声や最前線の社員の声も聞かず、報告だけ聞いて指示していく社長です。

どうして現場を回らなくなるのでしょうか。

一つは、社長としての威厳を保ちたいという気持ちがあります。社長室に入って、社長としての権威を保ちたい。そんな気持ちが現場を回らなくしてしまうのでしょう。

もう一つは、任せるということが現場を回らないということだと誤解していることもあります。決めることは任せても、自分で現場を回り状況を把握することを怠ってはいけません。

社長は、五感をフル活用して経営していかなければいけません。

実際に、自分の目で見て確認する。

実際に、その場の空気を感じてみる。

実際に、触れて感触や温度を確かめてみる。

そんな五感を敏感にして、すべてをキャッチするようにしなければいけないのです。言葉だけでなく非言語的なサインも見逃してはいけません。

社長の力量は、そんなキャッチアップしていく力の優劣で決まるのかもしれません。

あなたは、五感をフル活用して事にあたっていますか？

25訓 ウルトラマンはいない

社長がほしい人材は、「ウルトラマンのように何でもできる！」、そんな人が多いものです。

しっかり売って来てほしい。
報告・連絡・相談ももちろん適時的確にやってほしい。
部下育成にすぐれ、未然に問題を防いでほしい。
リーダーシップがあり、人望を集めてほしい。
事務処理も正確にできてほしい。
あれもこれも、これもあれも……。
まさにウルトラマンです。

考えてもみてください。
そんな仕事ができる人が、ずっと雇われの身でいると思いますか？　それだけの能力があれば、すでに独立しているでしょう。
雇われるだけでは自分の力をもてあましてしまいます。独立し社長となってやりたい！　そう思い実行してもまったく不思議ではありません。

あれもこれもと、高望みしては、いつまで経っても社長が満足する人材を見つけ採用することはできません。
多少でこぼこがあっても、その人の持ち味を理解し、その持ち味を十分に発揮できるようにマネジメントする。それが社長の仕事です。
くれぐれも“ウルトラマン症候群”にならないようにしてほしいと思います。

26訓

自分が変われ

あの人が悪い。

この人が悪い。

自分は悪くない。

あの会社がダメ。

この会社もダメ。

私は、ちゃんと働いているのに……。

そんなふうに考えて、転職していく人がいます。あの会社は大丈夫、と考え入社しますが、結局長くは続きません。

社長や後継者は、転職するわけにはいきません。だから、社員がダメと切り捨ててしまいます。しかし、それでは、問題解決になりません。

自分が変わらなければ、結局何も変わらず問題もなくなりません。

人のせいにする。

他のせいにする。

これは依存的な生き方です。

すべてを他にゆだねて自分は何もしない生き方です。

他人にゆだねても、他人は自分と同じようにやってくれません。結果として、いつも現状に不満を持ち続け、イライラした人生となります。

他人のせいにしないで、自分が変わる。

勇気がとてもいることです。

自分から折れることでもあります。歩み寄りでもありましょう。

しかし、歩み寄ったほうに、物事は有利に運ぶことも知っておいてほしいと思います。

27 訓

悩めば心は広くなる

どうしようか？　迷うことは多々あります。

これでよいのだろうか？　悩むことも多々あります。

しかし、悩まない人もいます。自分の意見を押し通し、わがまま放題で、人に迷惑をかけても平気の平左という人たちです。

些細なことで悩む人たちからすると、このような人たちは腹が立つ存在でもあります。逆に、なんでこんなに無神経でいられるのだろう、とうらやましく思う存在でもあります。

悩まないことは、よいことのようにも思えますが、果たしてどうでしょうか。

悩まないということは、自分の世界でしか物事を考えられないということです。

悩むことは、想像力が豊かで、あれこれ考えてしまうことに他なりません。

想像力が豊かゆえの結果ともいえます。

悩まないということは、他者の世界に思いを馳せることなく、自己で完結してしまう世界しか持っていないともいえます。

ということは、悩むことによって、心が拡張（エキスパンション）することにもなるのです。

悩み苦しむことによって、自分の心の大きさがドンドン膨れて、いろいろな価値観や考え方を受け入れることができるようになるのです。

迷い、悩むことは、自分の心を広くしていくこと。そんなふうに思って、思いっきり悔いのないように、悩んでください。

28 訓

ひらめくときはいつかを知る

ひらめきは、ヒントはどうやって生まれてくるのでしょうか。

ノーベル物理学賞を受賞した小柴昌俊さんが、「これだ！　というひらめきは、四六時中考えていてはじめて生まれるものだ」と、以前いわれていました。

常に考えていることによって、ひらめきやヒントは生まれてくるのでしょう。

ノーベル賞をもらった方の足元には到底及びませんが、筆者も同じような経験がよくあります。

「う〜〜ん、どうしようかな？」

「どうすればうまくいくかな？」

そんなことをいつも気にかけていると、ふっとしたところで思いつくことがよくあります。

筆者の場合、よくアイデアがでるのは、電車の中です。だから、小さいメモ帳が手放せません。ふっと思いついたことを、簡単にメモするのです。

意識と無意識の間を、半意識といいます。この半意識の状態だと、ひらめきが生まれやすいといわれます。

筆者の場合は、電車に揺られていると半意識になるようです。5年前の資格の勉強をしているときは、わざと電車に乗って勉強をしていました。

「常にどうすれば？」と考えていれば、ひらめきはふっと目の前に現れます。そして、そのひらめきが現れる時はどんな時かを記録するようにすると、自分のひらめきが生まれやすい環境がわかります。

これは、社長にとって、とても大切な自己理解であり、トレーニングだと思います。

29訓

お金があると知恵が出ない

お金があると、どうしても判断が甘くなります。なんでもお金で解決をしようと思ってしまうからです。

会社案内を作ろう！

チラシを作ろう！

そんなふうに思ったとき、お金があると、もっと質がよくて安くできないか？　そんな視点を忘れて、ドンドンお金をかけて作ってしまったりします。

社員を雇うとき。利益がそこそこ出ていると、あまり吟味しないで採用をしたりします。

お金がないとどうでしょうか。

なんとか良いものをと知恵を絞ります。

会社案内を作れないほどお金がなければ、違う方法で何か知ってもらえないだろうかと知恵を絞ります。

社員を雇うときに、ギリギリの予算しかなかったら、間違いのないように何度も面接や採用テストを重ね慎重に採用を決定していきます。

要するに、お金がないほうが、知恵が出るということです。お金があると、知恵で解決しようとしないで、お金で解決しようとしてしまうのです。

これは、お金があったときの社長とお金がまったくないときの社長の両方を経験している筆者が強く感じることです。

仮に、うなるほどお金があったとしても、知恵を出す努力を忘れないでほしいと思います。

30訓

楽しく仕事をしているか

以前、こんなことがありました。

筆者は常日頃、後継者の方々には、先代の仕事をやりたくなければやらなくてよいと話をしています。後継者といえども、職業選択の自由はあるのです。やりたくないことをやる必要はありません。

そうしたら、こんな質問を受けました。

「二条さんの言っていることは、道楽だ。やりたいことをやるなんていうのは道楽なのだ。後継者はやりたくない仕事でも継いでやらなければいけないのだ」。この質問を受けてとても悲しくなりました。ここまでこの人を追い詰めてしまったものは、何かとも思いました。

今の世の中、三度の飯を食べるのも忘れるくらい好きなことをしても、うまくいくかどうかわからない時代です。

ましてや、やりたくないことをしてうまくいくわけがありません。

やりたいことをする。人それぞれ様々な事情があり、自己正当化してしまうかと思いますが、基本はやりたいことをすることなのです。

商売とは、自分がやりたくてしょうがない、それほど楽しくて愉快なことをすることが原則です。

自分が楽しくないことをして、どうしてお客様に楽しんでいただくことができるのでしょうか。

今習っている英語の先生から訊かれました。「休日はどう過ごすの？」（もちろん英語）「たまっている仕事をやるつもりだ」と思わずしかめっ面をしてしまいました。

そうしたら、英語の先生は、「君は、楽しく仕事をしているのか？」と質問してきて、筆者ははっと我にかえりました。

皆さんは、楽しいことを仕事としてやっていますか？

31訓 いかなるときもうろたえるな

予期していないことが起こったとき、どう反応しますか？
突発の事件が起きたとき、どうしますか？
突然の事故に、どう対処しますか？

“家を出たら７人の敵がいる”と、昔はいわれていました。現代でも同じだろうと思います。
この敵とは、何も人に限ったことではありません。
己れの心の中にある敵もあるでしょう。
過信、慢心、驕り等々、己れの敵です。

人生は、予期しないことの連続です。うろたえ、あわててしまうこともあるものです。
しかし、歳を経て経験を積むと、予期しないことが起きてもたいがいは経験をしていますので、落ち着いて対処できるようになります。

予期しないことが起きたとき。
事件事故に直面したとき。
社長という会社の船頭さんに求められることは、一つです。
うろたえず、慌てないということです。船頭が慌てれば、みんな慌てます。慌てている気持ちは伝染して、収拾がつかなくなります。

人の上に立つ人は、どんなときも、自分を見失ってはいけないのだと肝に銘じてほしいと思います。

32訓 当たり前の難しさ

優れた社長とは、どんな社長でしょうか。

数字がわかる社長？
人の心がつかめる社長？
先が読める社長？
ものの見極めができる社長？
どんなときも冷静な社長？
いろいろな定義があるかと思います。

しかし、優れた社長とは、当たり前ことを当たり前のごとく行う人です。なぜなら、当たり前をすることが一番難しいことだからです。
売上を上げて、原価を下げて、経費を適正にする。
これ以外、経営をよくしていく方法はありません。

人心掌握や様々な判断も、この三つを行うため以外の何物でもありません。
どの業界、どの職種でも同じです。
当たり前のことができなくなって、何事もおかしくなっていきます。

当たり前のことを、きちんとやっていますか？

33訓

本物を知れば本質がわかる

「よく本物に触れろ！」と昔からいわれます。

なぜ、本物に触れることが大切なのでしょうか？

絵画でも、映画でも、スポーツ観戦でも、本物を見ることが大切です。本物は、感動や気づきのレベルが違います。

外国語の練習にしても、音楽にしても、講演・セミナーにしても、本物を聴くことが大切です。

本物に触れると、自ら磨かれていくことに気づきます。

料理、アルコール、お茶にしても、本物を食することが大切です。本物を食したとき、人は思わず笑顔がこぼれるものです。

本物に触れることがなぜ大切なのでしょうか？

それは、本物に触れていると、本物と偽物の区別ができるようになるのです。

人間についても、偽者と本物が区別できるようになります。

騙されたりやっかいなことに巻き込まれるリスクが減ります。

本物の人と付き合っていけば、自ら高めて成熟していくことができます。偽物と付き合っていれば、自分自身、偽物みたいに見られてしまいます。

本物に触れていくことにより、物事の本質が見抜けるようになるのです。

本質を見抜けるようになれば、判断を間違うことはありません。

経営の軸がぶれることもありません。

地に足が着いた経営を実践することができるのです。

本物に触れてください。

自分に投資をしなければ、十分なリターンなど見込めないのです。世の中、そんなにうまく儲けさせてはくれないものなのです。

34訓

手を放せば人は満つる

人は生きていくと、いろいろな荷物を持つようになります。また、いろいろなものを背負うようにもなります。

そして、一度手にしたものを、人は二度と手放したくない！　と思うものです。

念願の車を買った。マイホームを手に入れた。ほしかったパソコンを買った。あこがれのマウンテンバイクを買った。好きな野球選手のサインボールを手に入れた。

毎月１回はエステに通える今の生活。流行のファッションを買える今の生活。おいしそうな店に入ってグルメ三昧できる今の生活。美肌効果のサプリメントを買える今の生活。

そんな生活を一度手に入れると、手放したくないと思うのは、当たり前ともいえるでしょう。そして、作り手は、次から次へと魅力的な商品を世に生み出していき、提供します。また、買って、利用して、そんな生活から離れることなど考えられなくなります。

“手に入れたものを失いたくない！”、そんな意識が、判断を狂わせます。無意識に守りに入ってしまいます。冒険する心を失ってしまいます。さらに誰もが納得する言い訳を思いついて、やらなくなります。

“手に入れたものを失いたくない！”、そんな心が自らを縛り、窮屈な生活を自分に強いるようになります。そして、手に入れたいものをすべて手に入れたとき、人は虚無感に襲われるのです。

心が満たされるのは、そんな手にしたものをすべて手から離したときです。ぐっと握ったこぶしを、ふっと開いたとき、心は満たされるものなのです。

自己破産して、目に見える「モノ」をすべてを失ったとき、筆者は不思議と自分の心が満たされていくことを感じました。

社長にとって、放たない心こそ、一番恐れなければいけないものだと思います。

35訓

壁にぶつかったら実行すること

誰でも、壁にぶつかることはあります。筆者なんか、毎日です。
なんかうまくいかないとき。
思いっきり壁にぶつかっているとき。
スランプを感じているとき。
思うようにいかないとき。
そんなときは、毎日の生活パターン・行動パターンを変えてみることをお勧めします。

例えば、朝起きて、まず何をしますか？　顔を洗って、歯を磨いて、朝食の準備をして……。そんな無意識に毎日行っている生活パターンを、ちょっと変えてみるのです。
朝起きたら、新聞を取りに行くついでに近所を散歩してみる。いきなり、シャワーを浴びてみる。朝食は、いつものトーストではなく、ごはんと味噌汁に変えてみる。
駅まで歩く道を変えてみる。電車に乗るドアを変えてみる。駅の出口を変えてみる。
出社してから、仕事に取り掛かる前に、デスク周りを整理してみる。いつも使っているボールペンを変えてみる。コーヒーを飲むカップを変えてみる。
いつも行くランチの店をかえて、少し遠くまで行ってみる。

こんなふうに、毎日なにげなく習慣化している行動を変えてみることによって、新しい発想が生まれます。
いつもと違う刺激を脳に送ることで、固まっている脳を目覚まします。気分転換に終わらず、きっと新しい何かが生まれるはずです。
ぜひ、チャレンジしてみてください。

36訓

疲れないために休む

一所懸命働くと、誰でも疲れるものです。あまり働いていなくても、“気づかれ”なんてこともあります。

23歳で父の会社を継いで、眠らないで働きました。同年代の人たちが、青春を謳歌しているころ、「継いだ会社を潰してはいけない！」と一心不乱で働きました。

そんな筆者の様子を見ていた先輩の社長が、こう教えてくれました。

「疲れたら休む、では、いつか倒れてしまうぞ」。

ほんとうにそう思います。

疲れたら休む。でも、疲れはすっきりとれることはありません。残った疲労が少しずつ蓄積され、いつか許容量を超えてしまいます。

理想と思われるかもしれませんが、「来週疲れないために、週末休む」この心がけが一番です。

日本は広いもので、いろいろな社長がいます。筆者の社長時代では、およそ出会うことができなかったであろう、たくさんの社長さんたちに、今の立場では会うことができます。

“疲れないために休む”

こんな理想的なことをちゃんとやって自己管理している社長もいるのです。「そんなの無理だよ」といわず、チャレンジしてみてください。

37訓

行動すれば必ず変わる

会社をうまく経営していく社長と失敗させる社長の違いは何でしょうか。

違いはたくさんあります。しかし、突き詰めて突き詰めて、何が大切かずっと追っていくと、最後はこの違いだと思います。

行動するか？

行動しないか？

この違いです。

どんな社長でも、悩み苦しみもがいているものです。

あれもしたいけどでもできない。こっちを立てればあっちが立たず。そんな葛藤も抱えているものです。

どんな困難があっても、「難しい」「できない」などといわずに、まず行動する。そんな社長が、うまく経営をしていくのです。

行動しなければ何も変わりません。周囲も何も変化しません。

行動すれば、必ず変わるのです。どんなに難しいだろうと思っていても、変わる可能性がある、と信じることです。

悩もうが頭を抱えようが、最後は必ず行動してください。

そうすれば、次への扉は必ず開くのです。

38
訓

誇りと自信はあるか

社員に、任せられるようになると、現場に出て行かなくなる社長が多くなるものです。

また、後継者は、営業が得意で継いだわけではない場合もありますから、売り込みにしり込みしている人もいたりします。

「私は、営業は苦手なので、得意な社員に任せています」。

これは、一見、社長が自分の得手不得手を自覚し権限委譲してよいようにも思えますが、果してそうでしょうか。やりたくないことはやらないで、「易き」に流れてはいないでしょうか。

中小企業の社長は、社内の業務に精通していなくてはいけません。

苦手であっても不得意であっても、経験しその仕事の真髄を会得していかなければいけないのです。

なぜなら、中小企業では、社長の能力が企業の成長を決めるからです。

社長は、誰よりも会社の製品・サービスに精通し、誰よりも会社や、製品・サービスを売り込む人でなければいけません。成果ももちろん大切ですが、その心意気がさらに大切なのです。

社員の誰よりもできるためには、社員の誰よりも自社に誇りと自信を持っていなければいけません。

皆さんは、誇りと自信を持っていますか？

社長が自社を愛せなくて社員に忠誠を求めても無駄です。お客様の支持を求めても徒労に終わります。

ぜひ、自分自身に問いてみてください。

社長と話をしていると「この社長、ほんとに自分の会社が好きなのかな？」と思う人も多いものなのです。

39訓

目標は大きく行動は小さく

“千里の道も一歩から”という言葉もあります。

大きな事業計画も、まずは今できることから始めなければいけません。

5年後には、年商を倍に…。10年後には、株式公開だ…。そんな壮大な目標や計画を掲げることを否定はしません。

大きなことを「認知」しなければ、行動できないわけですから、目標は大きくてもいいでしょう。しかし、ありがちなのは、大きな目標を立てて、それで終わってしまうということです。

大きな目標を立てることは、それなりにエネルギーを使うものです。

「ああ、やっと計画を立てられた！」。

そう思って安心してしまい、何もしないという落とし穴に入らないことが重要です。

行動は、小さなことからコツコツと始めることが大切です。これを“スモールステップ戦略”といいます。

目標は大きく。行動は現実に即して小さく。

バランスを失わないようにしてほしいと思います。

40訓

行動したら迷うな

人は、いろいろ悩み迷うものです。

筆者も、悩み通し、迷い通しの人生です。

誰かに、「これが答えだ！」といってほしいときもあります。

迷うことは、とても大切なことです。

迷い悩むことによって、いろいろなことが見えてきます。

己れ自身の未熟さに気づくこともあります。

出発する前は、あれこれ悩んで深く見つめていくことが大切です。

じっくり作戦を練り、代替案を複数考え、戦略を成功確実なものにしなければいけません。

しかし、一度スタートしたら、あまり迷うことはよくありません。

結果が出るまで、がむしゃらにひたすら進む。そんな“集中力”が大切です。

行動したら、迷わない。

行動したら、悩まない。

これからは、こんな心構えはいかがでしょうか。

41 訓

何でも自分で決められる“恐さ”

最後に決めるのは、いつも社長です。
だからこそ辞められない、他の仕事にはない楽しさがあることも事実です。
しかし、何でも自分で決めることは、孤独を味わうことでもあります。

いろいろな人に相談をして、アドバイスをもらいます。いろいろな人に相談をして、意見を聞き参考にします。しかし、決めるのは自分です。

筆者は、個別相談をしていてアドバイスをする皆さんにいつもこう申し上げます。
「僕がいくら、スピードを出しすぎだ！　といっても、助手席から足を伸ばしてブレーキを踏むことはできないんです。ブレーキを踏むこともアクセルを踏むことも、ドライバーである社長一人でやるんです」。
社長は、ドライバーと同じです。自分で判断しハンドルを動かしたりブレーキを踏んだり、スピードを上げなければいけません。

自分で、運転できることは、それはそれで楽しいことです。しかし、自分で判断し実行しなければいけない恐さもあるのです。
周りにいる人たちは、所詮社長にアドバイスをすることが精一杯です。
社長が暴走しても、止めることはできないのです。

社長は自分で何でも決めることができる“恐さ”も、実感してほしいと思います。

42 訓

答えを求めてはいけない

経営には、正しい道も近道もありません。

しかし、人は正しい道を求めがちです。なぜなら、正しい答えを見つけたほうが楽だからです。

また、小さいときから、正しい・間違いという価値観を植えつけられていることもあります。誰かに、「こっちが正しいよ」、そんなふうにいわれてみたいものです。

でも、社長をしている限り、それはかなわない夢です。

近道もして、楽をしようと思うことよくあります。

これは、人間の本能です。

近道しよう、楽をしよう、ちゃちゃっとすませよう。

これらは、できるだけエネルギーを使わず、寿命を延ばそうという人間の本能的なものです。

でも、近道もありません。

長く遠い道のりなのです。

歩きにくい草むらが続きますが、自分の道を切り開いていってほしいと思います。

43訓

成功パターンは真似できない

成功する社長の話を聴くことはとても意義のあることです。

しかし、勘違いをしないでほしいと思います。

成功する社長の経営を真似することはできません。

成功している社長の経営は、その社長の性格だから実現できていることが多いのです。

なぜなら、経営は社長の性格が色濃く反映される営みだからです。

性格が違う社長が、同じことをやろうと思ってもできないものなのです。

成功している社長の経営を真似することは、想像以上に難しいものなのです。

では、失敗はどうでしょうか。

失敗する社長には、共通していることがたくさんあります。そして、それらの失敗パターンは、ちょっと気をつけていれば、未然に防ぐことができるものばかりです。

失敗は、同じことが繰り返されることが特徴なのです。

成功している社長の話を聞くときは、「見習う点がないか？」くらいに思って聞くと、ちょうどよいでしょう。

何かヒントを得ようかという、少し距離をおいた心構えを持ってほしいと思います。

44訓 成功にウルトラCはない

「何か、うまくいく方法はないですかね」。こんな質問を時々受けます。
裏技。奥の手。ウルトラC。
そんなものを期待しているようにも聞こえます。
経営には、そんなウルトラCはありません。
当たり前のことを、コツコツとやるしかないのです。

トヨタにいた方に話を聞くことができました。
その方いわく。「トヨタは、当たり前のことを一つ一つやっていく会社です」。
なるほど、だから強いんだな、と感じました。

当たり前のこととは、経営のルールに則っていくということでもありましょう。経営のルールに反することをするから、おかしくなるのです。
売上を上げる。
原価を削る。
経費は使う経費と削る経費を区別する。
税金を払ってお金を貯める。
ただこれだけです。

「これができなくて困っているんだよなぁ」と嘆く社長もいるでしょう。
でも、逆に考えればこうもいえます。
これだけをやれば、経営はうまくいくのです。
“地道な王道しかない”と、心得てほしいと思います。

45訓

苦手こそ人の魅力

完璧な人などいないものです。
誰でも、こんなことができない。あんなことも無理だ。
そんなできないことや不得手があるものです。
不完全なところがあって、その人の魅力も増すものです。

しかし、多くの社長は、周囲の人の不得手や苦手をなかなか認めようとしません。
完全なる部下を求めてしまうのです。
これでは、周囲はたまったものではありません。一人、二人と、離れていってしまいます。

相手の不完全なところを認めることにより、これからどう修正すればいいかがわかるものです。
社長は、周囲にも自分にも完全を求めてはいけません。
無意識にやってしまいがちなことですから、常日頃気をつけてほしいと思います。
不完全さや苦手こそ、人の魅力なのだと理解しておいてください。

46訓

熟考か即断か

“社長にとって大切なことは、即断即決即行動である！”とよくいわれます。

「ほんとにそうかな？」と思います。

即断即決即行動が、求められる局面もあります。

事故が起きた！

お客さんからクレームがきた！

急に取引先が倒産した！

そんなときは、即断即決即行動が求めれます。のんびりとしている場合ではありません。

しかし、経営は、このような急な対応が求められる局面だけではありません。考えに考え抜いて結論を出さなければいけないときもあります。

人事が一番良い例です。人事に急は禁物です。

じっくり熟考しなければいけないときなのか？

今すぐ判断実行しなければいけないときなのか？

これを区別する能力が社長には求められるのです。

区別化を間違ってはいけません。

何か起こったら、正確な“区別化”をまず心掛けてください。

47訓 約束を守れないとき、人の本性が出る

約束を守ることは、当たり前のことです。
しかし、約束を守ろうと思っていても、守れないこともあります。
それが現実であり、人間の営みの本質でもあります。

どうしても無理なとき、黙って破ることが一番いけません。信用を一気に失ってしまいます。
約束を守れなくなったと申し出る勇気が大切です。
申し出る勇気がなく、失敗をしてしまう社長がいるように思えます。

格好が悪い。
約束を守れない人と思われたくない。
面倒くさい。
いろいろな理由はあるでしょうが、いい出さないことはいけないことです。

約束は守らなければいけません。
しかし、守れなくなったときどうするのかということこそ、もっと大切なことです。
人の本性は、平時ではなく、そんな有事のときに出るものなのです。

48訓

違う角度でみる

センスは、何事にも求められるものです。

商売にもセンスが求められます。

では、センスってどんなことなのでしょうか？

なかなか難しい質問です。

あまり努力しなくても、人並み以上にできてしまう。それは、センスがあるからなのではないでしょうか。

あまり努力しなくても、なんだか儲かってしまう。

あまり努力しなくても、なんだかんだうまく事が進む。

あまり努力しなくても、人が集まってきてしまう。

こんなことがセンスがあるということではないでしょうか。

人並以上にできてしまったら、さらに努力を重ねて他を一気に引き離すことも忘れてはいけません。これ以上強力な事業モデルはないでしょう。

努力しても努力しても、なかなか結果がでない。

努力しても努力しても、うまくいかない。

努力しても努力しても、儲からない。

もしかすると、それは努力するところが違っているのかもしれません。

違う角度で物事を見て、努力するポイントをちょっと変えてみると、スムーズに行くことがあります。

壁にぶつかっている方は、そんな“リフレーミング”（一つのことを違う視点から見てみること）をお勧めします。

49訓

“気づきの能力”を磨いているか

講演やセミナーをしていて感じることがあります。

それは、参加している皆さんの気づきの力の差です。

同じことを話しているにも関わらず､いろいろなことに気づく方もいれば、まったく気づかなく何もお持ち帰りにならない方もいます。

思考の柔軟性ともいえるのでしょうが、もっと奥深いもののような気がします。

社長は常に、この気づきの能力が問われています。

気づきの能力が低い人は､何を見ても聞いてもひらめくことがありません。だから、進歩がありません。改善することもありません。

気づきの能力があると、自分自身を客観的に見ることができるようになります。完全には無理ですが、それでもかなり客観的に見ることができます。いうなれば、自分を他人のように見ることができるのです。

アメリカのある学者の論文によると、成功している経営者の多くは小さい頃にいじめに遭った経験があるそうです。

小さい頃、いじめに遭うと、軽い分裂症になって自分を客観視できるようになるそうです。

経営者にとって、自分を他人のように見ることの大切さを教えてくれる研究です。

あなたは、セミナー・講演を聞いてでどれだけ気づいていますか？

まさか、講師に毒づいてばかりではありませんよね。

50訓

自分に厳しく他人に甘く

どうしても人は、自分に甘くなりがちです。

これは、人の無意識の心理として、いたしかたない面です。

自分がやろうと思っていることは、間違っていないのだ。大丈夫だ。そう思ってしまいがちです。

もちろん、そんな前向きな気持ちは大切です。

前向きな気持ちがなければ、先に進んでいくことはできません。

しかし、自分だけは大丈夫と、思い込んではいけません。

自分には甘いけれど、他人には厳しくなってしまう。

他人が決めたことは、厳しく追求してしまう。

これも、人の無意識の心理の恐さです。

そんなに吟味しなくてもよいにも関わらず、これは大丈夫か、あれはどうだ、と過剰に検討してしまうということもよくあることです。

正確な意思決定をしたいのであれば、この逆をすることです。

自分の決めたことには、厳しく吟味を。

他人が決めたことには、甘く吟味を。

これで、ちょうどよくバランスがとれると思います。

51
訓

自分は何でもできると思うな

長年社長でいると、誰もが陥る落とし穴があります。
それは、「過信・慢心・驕り」です。
おれは何でもできる。すべての能力があるように勘違いをしてしまうのです。

権力者が落ちぶれるパターンは、今も昔も変わりません。
それは、人間というものは、元来「うぬぼれ」がとても強い動物だからです。
適度なうぬぼれは、自信に満ち溢れた自分を作ります。
しかし、程度が過ぎると、落とし穴に入ってしまいます。

「過信・慢心・驕り」の落とし穴に入らないコツはいくつかあります。
その一つが、自分が苦手なこと、ちょっと不得意なことを公言していくということです。
苦手なこと、不得意なことを周囲に話していくと、周囲は、「ああ、同じ人間なんだ」と思うようになります。

自分から「私は完璧な人間でない」と、話をしていくのです。
これは、大変勇気がいることです。
他人には負けたくない、そんな劣等感情が強い人にはなかなか難しいことでしょう。
しかし、人々を代表する立場である社長は、この門をくぐらなければ一人前になることはできないと知っておいてください。

52訓

思いつきでも現場偏重でもダメ

中小企業の経営は、とかく思いつきになりがちです。筆者も社長時代を振り返ると、思いつきで経営をしていたな、と思います。

社長という人たちは、アイデアがいろいろ出る人たちです。いろいろ出たアイデアを試したくなる、そんな気持ちも生まれることでしょう。

「そうか、こうやればいいんだ！」「よしうちでもやってみよう！」などと、新しいことを導入してしまいがちです。

筆者も23歳で会社を継いで数年は、そんなことの連続で、さぞかし社員は大変だったと思います。

思いつきや知識の受け売りで新しいことをするのではなく、現場がまず欲していることを実現するようにしてください。

しかし、現場も正しいことばかりとは限りません。

「しかし、会長。お客様は、こうおっしゃっています」

これは、かつての有名な流通小売グループの会長を会議で黙らせる幹部社員の切り札の言葉です。

このような言葉を使ってはいても、お客様の利益を考えず、自分たちの利益だけを考えていることも、現場ではあるものです。

現場の意見に耳を傾ける。

しかし、本当に会社にとって必要かどうか、今やるべきかどうかは、社長が見極めて決める。そんなバランス感覚が求められるのです。

思いつきはいけません。かといって、現場が絶対でもありません。ここに経営の難しさがあるのです。

53
訓

愚かな社長は成功から学ぶ

成功している社長の話を聞くと、テンションがあがります。

「なるほど、そうやればいいのか」と思い、自社でもやってみたりします。

しかし、そんなことを何度もやったとしても、なかなか成功している社長を真似ることはできません。

経営は、社長の性格が色濃く反映する人の営みです。

成功している社長はその性格だから実現できていることがとても多いのです。

性格が違う社長が同じことをやってもうまくいくはずがありません。

成功している社長のやり方ではなく、自分の性格に最もマッチしたやり方を自分で編み出さなければいけないのです。

だから、成功を真似することは難しく、そして愚かなことなのです。

失敗はどうでしょうか。

失敗は、実はほぼ同じパターンで起こります。会社を破綻させる社長には恐ろしく共通している言動があります。

そんな失敗パターンを知り、やらないようにする。これだけで、成功に一歩近づくような気がします。

成功話に酔うことは一向に構いませんが、決してそれをそのまま実行することだけは、ぜひおやめいただきたいと思います。

54訓

経営とは清濁合せ飲むこと

筆者が、この意味がわかったのは、ごく最近です。

23歳で親父が亡くなってすぐに社長になったときは、社員の先頭に立たなければいけないということで、今では穴があったら入りたいくらい若気の至りでいろいろなことをしてきました。

とにかく、

白黒はっきりさせなければいけない

曲がったことは許してはいけない

優れた経営をしなくてはいけない

と「〜ではいけない」「〜しなくてはいけない」と自分を縛り、周囲にも強制してきました。

正義感が強いことはいいことです。

しかし、世の中には、正義を通したほうがいい場合とまずい場合があります。自分の信念に従うことは大切なことですが、経営者は経営をしてこそ経営者です。

儲からないこと、あまり収益に貢献しないこと。そんな「どうでもいいこと」に固執して、白黒つけるまで我を通す。これでは、経営者ではありません。

自分の経営者時代の前半を振り返るとそんなことが無数にあります。

よく経営の恩師からは「おまえ、もうちょっと遊びを持て」といわれました。遊びとは、ハンドルの遊びのようなものです。もっと余裕を持てということでしょう。

余裕も持てず、目一杯やっていた時代もありました。

納得できないこと、違うんじゃないかと思うことも収益に関係がないのであれば見逃す、そんな余裕も経営者には必要です。“清濁合せ飲め”も、よく恩師からいわれた言葉です。

濁といっても、不法行為はだめですよ。いうまでもありませんが。

55
訓

物欲を持て

今、あなたがほしい「物」はなんですか？
自分の物欲について考えたことはありますか？
こうやって改まって聞かれると、「ええ？？」と驚くかもしれません。
物欲とは自分のほしい物です。
「社員にボーナスをもっと出してあげたい」
「家族と温泉に行きたい」。
これはダメです。自分のほしい「物」です。

中小企業の社長には、まじめな方が多いものです。
「うちの製品を喜んで使ってもらえればそれでいいんです」。
こんな禁欲的な方が多いように思います。もちろん、心がけは素晴らしいのですが、これでは事業は動きません。

“こんなものがほしい！”と、具体的な物欲を持つことによって、明日からの行動が変わります。
筆者のほしい物は、月並みですが「家」です。自己破産して、家を失ってしまったからです。そして今も狭いところに一家５人で住んでいます。
社長当時の大きな家が欲しいとは思いませんが、もうちょっと広い家に住みたいと思います。自己破産して住宅ローンが組めませんから、実はかなりきつい目標です。
でも、それが今の大きなやる気につながっています。

皆さんの物欲はなんですか？
明確にイメージすると、ほら、動きが変わってきませんか。

56訓

死ぬまで学ぶ姿勢を失わない

筆者が経営に失敗した一番の原因は、「過信・慢心・驕り」です。

社長を10年以上もやると、たいがいのことは経験してしまいます。

また､うまくいくと自分の実力だとうぬぼれてしまうこともよくあります。

筆者は、そんな過信・慢心・驕り・うぬぼれの塊でした。

この仕事を始めて、爪の垢でも煎じて飲みたい！　と思うくらい謙虚な社長さんにたくさん出会います。

70歳を過ぎても、筆者の話をそうだそうだと聞いて、盛んにメモをとる社長もたくさん見てきました。

筆者は、あんなに謙虚で学ぶ姿勢があっただろうか？

まったくありませんでした。自分が一番！　そんなふうに勘違いをしていました。

どんな人からも学ぶことができると思います。いい点だけでなく、真似したくないイヤな点も勉強になるものです。

自分以外はすべて自分の師匠である。そう思えば、どんな人からでも気づき得ることはたくさんあります。

社長で、謙虚さを忘れふんぞり返っている人もいます。（体はふんぞり返っていなくても、心がそうなっているものです）

俺はなんでも知っている。

俺は一番偉いんだ！

学ぶことがないぞ！

と思っている社長は、もう社長であってはいけないと思います。

俺が一番だと思い始めたら、引退を考えたほうがいいかもしれません。

57訓

最新のビジネス書ばかり読むな

最新のビジネス書を読みまくって、いろいろなことを知っている社長はよくいるものです。

正直、筆者もすべての本を読むわけにはいきませんから、「へえ～～そうなんですか？」というと、「なんだ、あんたそんなことも知らないのか」と顔に出る社長もいます。

貪欲な知的好奇心は、素晴らしいものです。

筆者も見習わなくてはいけないと反省します。

しかし、そんなビジネストレンドに飛びつく社長に限って、肝心のことができないという場合があります。

知識はあるけど、どうやって社員をやる気にさせればいいかわからない。

知識はあるけど、心理的優位に立ちたいだけで、経営に生かせていない。

知識はあるけど、考えすぎて行動できない。

逆に、あまり最新情報を知らない社長でも、人々を代表する立場として立派な姿勢を持ち人を動かしている社長もいます。

知識の習得は大切です。多くの中小企業の経営者は、まずここからだと痛感しています。

しかし、人と人との営みである経営をうまく行うためには、別なスキルが必要であるという事実も知ってほしいと思います。

知識で人は動かせません。

偏重気味な方は、ぜひ再考してほしいと思います。

58 訓

結論を急ぐな

実権を握ると、どうしても結論をすぐに出そうとあせってしまいます。

自然な心の動きですから、それ自体は責められません。

何か、手柄を立てて認めさせよう。認めてもらおう。

それは自然な気持ちだと思います。

しかし、気持ちが焦ると、視野が狭くなります。普段見えるものも見えなくなります。

後継者は、なんとか実績や手柄を立てようとあせって頑張る傾向があります。

時代に乗り遅れてはいけない！　と早足になりがちです。

経営には、スピードが要求される局面と熟考が要求される局面の二つがあります。

時代に乗り遅れてはいけないとあせることなく、今できることを確実にこなしていく。今の足元の問題を解決できずに、先には進めないと思ってください。

結論を急がず考え抜く局面かどうか、その見極めこそ経営者に求められるスキルだと思います。

59
訓

見切って捨てる勇気があるか

アメリカで成功している起業家を調査したところ、優秀な起業家は見切る能力に長けているという結果が出たということです。

自分が考えたアイデア・商品が、どんなに「これは、いける！」と思っていてもダメだと思ったら、ぱっと捨てることができる人だけが成功しているということです。

このプランは３年かけて暖めてきたから特別な思い入れもある、と思っていても、これ以上は無理だと思ったら捨てられるのです。

これは、なかなかできることではありません。

しかし、無理なこと、うまくいかないことに努力していても、そのエネルギーはすべて無駄になってしまいます。

自分の持っている、限られた資源をどう活用するか？

この視点を持てば、見込みのないことにうつつを抜かすということはないように思います。

どんなに商品やサービスに自信があっても、愛着があっても、これ以上は進めないと感じたら、捨てることができる。

そんな勇気をもってください。

60訓 自分を許し他人を許す

自分は、相手をどんな人間なのか、客観的に見ているつもりです。
あの人はこんな人だ。
この人はこんな人に違いない。
そんなふうに「見立てて」今後自分はどう付き合っていくか考えていくものです。

自分では、他人を冷静に見ているつもりでも、実は自分の「めがね」を通じて他人を見ています。
この「めがね」がやっかいです。
他人のある部分が大きく見えるようになっていたり、ある部分がまったく見えなくなっていたり…。
「めがね」の性能は、その人その人によって違うものなのです。
ということは、自分はどんな「めがね」を持っているのか？　それを知ることが、もっと他人を理解し、よい人間関係を築く一歩になるのです。
これが自己理解というものです。

人は自分想像の範囲でしか、他人を推し量ることはできません。他人を理解しわかったなどと思うことは、驕り・過信に過ぎません。
自分では許しがたい考えをする他人も、そんな考え方をする人もいるんだと受け入れるようにすることが、自分の想像力を豊かにする方法です。
多くの人と付き合えるようにするためには、自分を許し他人を許すことが大切です。
そうしなければ、いつまでたっても貧困な想像力をもとにした他者理解しかできないのです。

61訓

完璧を求めるな

「もっと、こうできないのか！」
「さらに改善すべきところはないのか！」
もっともっとと、求めていくことはとても大切なことです。
「これでいいじゃないか！」と思ったら、進歩はそこで止まります。
もっとよくなること。
もっとすごくなること。
そんな“もっともっと”を求めて、人類は進歩してきました。

しかし、社長は、相手に「もっと」を求めすぎていないでしょうか。
もっと売上を上げろ！
もっと経費を削れ！
もっともっと働け！
鼓舞することも社長の仕事の一つですが、完璧を求めるあまりに、社員を追い込んでいないでしょうか。
「社員っていうのはね、そんなふうに追い込まないと働かないものなんだよ」と、したり顔でいっている社長が思い浮かびます。

人間、完璧にできる者などおりません。
社長だって、自分では完璧と思っているかもしれませんが、できていないことはたくさんあるものです。
完璧を求めていくと、相手は疲弊しやる気を失い、ついには辞めていってしまいます。

社長に必要なことは、完璧さではなく、完璧にやろうという本人の気持ちをいかにサポートするかです。
完璧を求めすぎないように気をつけてほしいと思います。

62訓

歩み寄る勇気を持て

コミュニケーションは、相手への興味関心がなければ成り立ちません。
興味関心がなければ、話す必要も聞く必要もないからです。
どんな人だろう？
そんな素朴な疑問から、コミュニケーションは始まっていきます。

コミュニケーションで求められることは、たくさんあります。
その中で、とても大切なことの一つに、相手の興味を感じることがあります。
この人はどんなことに興味を持っているのかな？
どんなことに関心があるのかな？
そんな相手の興味を感じる心のアンテナを持つことです。

次は、相手の興味に対して、自分の興味をつないでいく力です。
相手の興味はわかった。しかし、自分の興味が違う。だからコミュニケーションはやっぱり一方通行。これではいけません。
相手の興味と自分の興味をつなげていくことが、コミュニケーションではとても大切です。相手の興味に対して、
何か共通するところはないか？
同じところはないか？
そんな視点で、相手の話を聞くことです。

コミュニケーションの極意は、“歩み寄る”ということです。
自ら歩み寄る。勝ち負けの価値観の人には、逆立ちしてもできません。
歩み寄る勇気を持った人こそ、本当に強い人なのだと知っておいてください。

63訓

明るい人に人は集まる

なぜか、あの人の周りにはたくさんの人が集まる。

なぜか、あの人は人気がある。

人が集まる人に共通していることは、「明るくて元気」ということです。

社長にとって、周囲に人が集まっていたほうがよいでしょうか。それとも、あまりいないほうがいいでしょうか。

尋ねるまでもなく、たくさん人がいたほうが、情報もたくさん入ります。わからないときに判断を仰ぐこともできます。にぎやかで、ますます人が集まってきます。

店商売も同じです。店長以下、スタッフが明るく元気な人たちだと、お客様も増えて売上もあがってきます。売上があがると、ますますスタッフは仕事が楽しくなって明るくなります。よい循環が始まります。

暗く陰気だと、お客様も入店しづらくて、売上はドンドン落ちていきます。売上が悪くなると気が滅入りますから、ますます暗くなって、ますますお客様が来なくなります。

会社も同じです。社長が明るく元気だと、すぐに売上には結びつかなくても、人が集まりいろいろな「作用」が起こります。よい「作用」も悪い「作用」もあるでしょう。しかし、「作用」が起きることによって、何かが起こり、経営は前に進み進化していきます。

業績が厳しいと、社長も眉間に皺が寄って恐い顔になってしまいますが、これだとますます業績は悪化します。

多少厳しい業績でも、明るく元気で振舞うことが大切です。そうすれば、社内も明るく、その明るさは社外にも伝わって、きっとお客様が寄ってくるようになるでしょう。明るく元気に！　です。

64
訓

「まあ、いいよ」といってみよう

忙しく、いろいろなことに追われていると、ついついイライラしたりして、強くいってしまったりします。

「何度もいっているだろう、何回いえばわかるんだ！」

「もういい。自分でやるから！」

「どうしていつまでもやらないんだ！　だからいつも遅れるんだよ」

そんなふうに社員にいってしまい、いやな雰囲気になってしまうこともあるものです。

筆者は、いつもあせって仕事をしていた社長でした。何をそんなに急いでいるのか？　自分でもよくわからず、とにかく早く早く前に前に…。そんな社長でした。

社員は大変だったろうと思います。自宅に帰って、筆者の罵声を思い出し、胃が痛くなる社員もいたと思います。

今はこう思います。なんであんなにあせっていたんだろう。なんであんなに急いで走っていたんだろう。何かに取りつかれたように、とにかく早く早く。熱病にでも、うなされていたのではないだろうか。

「ああ！　私も！」と思う皆さん。今日から、社員が何かミスしても、失敗しても、予定よりも遅かったりしても、社員がすまなそうに反省をしていたら、こういってみましょう。「まあ、いいよ」。殺伐とした空気が少しずつ和らぐことを感じると思います。

そして、続けてこういいます。「次は、一緒に頑張ろう」。

リーダーに求められることは、許しを与えることです。次に結果を出せばいいのです。実は、それで十分間に合うものなのです。

己の失敗も他人の失敗も許せない。そんな心の縛りが、自分自身を苦しめているのです。

「まあ、いいよ」って他人にいってあげたら、次は自分に対してもこういってあげてください。「まあ、いいよ。十分頑張っているじゃないか」。

65訓 立場転換力を磨け

コミュニケーションについては、今も昔もハウツーが絶えません。
「うまく伝えるためにはこうしろ！」
「こんなふうに部下の意見を引き出せ！」
「わからない人には、こう言えば完璧！」
こんなハウツーが溢れ返っています。
コミュニケーションスクールでいつも申し上げていますが、どう伝えるか＝Howではなく、何を伝えるか＝Whatのほうが、コミュニケーションでは大切なのです。
コミュニケーションをうまくしていくために、テクニックを覚えることはよいことです。しかし、いくらテクニックを覚えても、コミュニケーションをうまくやっていける人といけない人がいるものです。

この差はなんでしょうか。
それは、相手の立場に立って相手の心を感じることができるかできないか、ではないでしょうか。
これを共感力という人もいますが、筆者は“立場転換力”といっています。自分を相手の立場に瞬時に転換し、相手の「心」を感じ取る能力です。

コミュニケーションがうまい人は、この“立場転換力”があるのです。
「あの人はこんなことを考えているだろう」
「あの人はこんなことに悩んでいるだろう」
相手の気持ちを察して、ちょっと先行く言葉をかけてあげることができるのです。
表面的なテクニックの習得に走ることより、“立場転換力”を意識して、相手の心を感じることを日頃心がけたほうが、よほどよいコミュニケーションができるように思います。

66訓 話にくい人ほどチャンスがある

人には、話しやすい人と、話しにくい人があるものです。

なんとなくあの人とは話が合わない。

あの人とは、話をしていても、おもしろくない。

こんな経験は誰でも持ったことがあると思います。

どうも、世の中を見てみると、話にくいなぁと思われている人は、多くの人にそう思われているようです。

話にくいので、周りに人が寄ってこないのです。

すぐに怒り出す。

自分のいいたいことしかいわない。

説教を始めて、なかなか終わらない。

だから、人が寄り付かなくなってくるのかもしれません。

しかし、人は誰でも、もっと話したい、打ち明けたいという欲求を持っています。

話相手がいない人は、みんなが相手を避けていますから、なおさら話をしたくてしかたがないのです。

お客様や得意先のなかに、営業マンたちが避けている人がいませんか？

頑固で、厳しくて、その人の相手となると、敏腕営業マンもしり込みしてしまう。そんな人です。

こんな人こそ、営業をかけて話し込むチャンスです。

なぜなら、みんなが避けているこの人は、話をしたくて話をしたくてしかたがないのです。じっくり、腰をすえて話を聞いてあげれば、いろいろなことを話してくれる可能性大です。

“逆張りの発想”は、こんなところにも使えることを知っておいてほしいと思います。

67訓 期待どおりの答えを強要するな

「今日の料理、どう？」、奥さんが旦那さんの顔をのぞきながら尋ねる。

「う、う、うまいよぉぉ」、旦那さん、詰まりながら答える。

こんな会話があなたの家庭で行われているのかはわかりませんが、人はどうしても相手の期待に沿う答えをしてしまいがちです。

こんな答えをしてほしいな。こんなことをしてほしいな。そんな期待心理に答えようと、どうしても相手は期待を裏切らないようにしてしまいます。

このようなことは、人間関係を円滑にする意味ではとても有効です。極端に迎合するわけでなければ、期待に沿いながら会話をしていくことは、成熟した大人のコミュニケーションともいえます。

しかし、経営については、この危険性についても社長は強く認識しておかなければいけません。

社員は、社長の期待に敏感です。

「社長はこんな答えを期待しているのではないか？」

「こんなことをいうと社長の期待を裏切るのでは？」

そんなふうに考えて、社長の気に入るような答えばかりをするようになります。

このような社員を一方的に責めることはできません。相手の期待に応えようとするのは、人間の本能的なものでもあるからです。社員たちは、社長に対して本能的に応えようとしているに過ぎないのです。

ですから、注意すべきは社長です。社員とはどうしても社長の期待に応えるようになってしまうものだと自覚して、社員と接するようにしていくということです。

皆さんはいかがですか？

相手に、期待どおりの答えを無意識に強要したりしていませんか？

68訓

HowからWhatへ

「どう伝えればいいか？」

「いかにしてうまくプレゼンするか？」

「どうすればイエスといってくれるのか？」

そんなノウハウが、今も花盛りです。

思えば、かなり昔からこのようなノウハウものは、人気がありました。その時代その時代で様々なものが登場してきました。

不安や恐れがあると、どうしても「いかに対処すればいいか？」というノウハウを知りたくなってしまいます。人間の本能といってもいいでしょう。

しかし、時代は今大きく変わってきています。

同じことが通用しないだけでなく、目に見えない価値観や常識まで大きく変化していく時代に突入しています。

物事の本質が問われる時代に入ったといってもよいでしょう。

そんな時代に、表面的なテクニック・ノウハウで乗り切ることはできません。ノウハウやテクニックを動かす、もっと中身がなければ、対応できなくなっているのです。

「どうすればうまく伝えられるか？」

「いかにしてうまくプレゼンするか？」。

このようなノウハウではなく、「何を？＝What」を明確に伝えられなければいけないのです。

社長の中には伝えたい“What”がなく、表面的なテクニックに走っているような印象が否めません。テクニックなど知らなくても、熱い“What”があれば、人の心は動くのです。

早く“HowからWhat”へ、意識をシフトしてほしいと思います。

69
訓

相手の気持ちを感じているか

コミュニケーションにとって、大切なことは何でしょうか？
ちゃんと聴くこと。
うまく伝えること。
感情的にならないこと。
順序よく話すこと。
自分の感情を伝えること。
などなど、いろいろあげられると思います。

最も大切なことは、「相手を尊重する」ということです。
どんな意見も、この人はこのように言いたいのだな、と受け止めるということです。相手の気持ちを受け止め、理解することからコミュニケーションは始まります。
話の内容や事実関係ではありません。その人が今どんな気持ちでいるのか？　を感じるようにすることです。イライラしている。怒っている。とても悲しい。悔しくて寝れない。そんな気持ちを感じるということです。
気持ちを理解してあげると、「この人だけはわかってくれた！」と信頼関係が芽生えてきます。そうすると、相手も心を開いてくれて、こちらの話もよく聞いてくれるようになります。

「お前がちゃんと伝えないからだ！」と怒っても、コミュニケーションはよくなりません。まずは、聞くほうが相手の気持ちを感じることが先決です。
コミュニケーションについて、多くの社長・管理職の方々が誤解をしていたり、理解不足のことがあるように感じます。良好なコミュニケーションなくして、業績アップは望めません。
今こそ、コミュニケーションの基本知識が求められていると思います。

70訓

バカにしていると何も耳に入らない

何をアドバイスしても、聞いてくれない社長がいます。
「それはもうやった」
「以前やって失敗した」
「そう現実はうまくいかない」
「なかなか難しくてねぇ」
こうやって拒絶して意見を聞き入れない人は、「俺のほうが優れている」という過剰な勝気があるのです。
勝気は、ある程度は社長に必要だと思います。しかし、他人の意見を素直に聞き入れないほど勝気があってはいけません。

他人の意見を一旦受け入れることができない人は、根底には相手をバカにしている意識があります。
「そんなこと聞いていられるか！　俺のほうがわかっているんだ！」
こうなると、もう何も耳に入ってきません。誰が何をいおうと聞き入れず、自分の考えだけで突っ走ってしまいます。
人は、自分にアドバイスを求めてくる人が最も賢人に思えるものです。
アドバイスを求めず自分ひとりでやってしまう人は、誰からも賢人に見えず、孤立し人間関係や経営を破綻させてしまいます。

世の中には、こんな半端者の筆者の話を熱心に聞いてくださる社長がたくさんいます。
「どんな人でも、学ぶことはたくさんある」。
その謙虚な姿勢には、頭が下がるばかりです。
あなたは、周囲のアドバイスを素直に聞き入れていますか？

71
訓

黙ることで有利になる

一昔前は、“男は黙って○○ビール”なんてコピーが流行ったように、多くを語る男は軽く見られていました。

しかし、今は、語らなくては何を考えているかわからず、恐がられる時代となりました。

率直に語ることが求められていますし、できること、できないこと、よいこと、ダメなこと、すべて包み隠さず話をすることがとても大切です。

しかしです。

気をつけていただきたいことがあります。

それは、いつでもどこでも、なんでも話せばいいというものではありません。時によっては、また相手によっては、黙ることも大切です。

筆者は23歳で会社を継いだ頃、ある有名企業の社長さんにお会いしたとき、こうアドバイスを受けました。

「君は、若い。だから、語ってもまだ薄っぺらだ。君に必要なことは、あまり話さないということだ。話さなければ相手は恐怖に思うから、それを利用しなさい」。

話さなければ相手にわかってもらえません。しかし、場合によっては黙ることによって、こちらが有利になり、またより多くのことを学ばせてもらうことができます。

このアドバイスをいただいて以来、話すときと黙って聞くときを使い分けるように努力しています。

72訓

聞きかじりで話さない

筆者も社長時代には、いろいろなセミナーに出ました。いろいろな講演も聞きました。

ルーティンワークは社員がすべてやってくれますから、時間をとろうと思えばたくさんとれました。いろいろなところに行って、いろいろな話を聞きにいきました。

たくさんの苦労をされた社長、研究に没頭してその道のことならすべてわかっているという学者さん。どれもこれもとはいいませんが、感動したことも多々ありました。

そして、「そうか！　そうしなければいけなかったんだ！」と思い、会社に戻ってすぐに社員に話をしていました。

まあ、今思えば聞きかじったことをそのまま伝えていただけです。お恥ずかしい限りです。

感動した映画を観て、「あの映画よかったよ！」と触れ回る心理と似てます。

しかし、事は経営です。映画鑑賞ではありません。

感動をゆっくり鎮ませ、どうすれば自社に活用できるか、じっくり考えてから社員に伝えることが大切です。まだ勉強していない社員の気持ちにも配慮しなければいけません。

これを怠ると、社長一人が突っ走って、振り返ると誰もいない。そんなことになってしまうと理解しておいてください。

73 訓

よく聞き、うまく伝え、率直になる

“徳を磨け！”と、社長時代に何度聞いたことでしょうか。特に、継いだばかりの23歳の頃は、講演会やセミナーに出るたびに、“徳を持て！” といわれました。なるほど、徳がないといけないのだな、そんなふうに思った筆者は、徳とはなんぞや？ と思い、徳を知るために松下幸之助さんの本を筆頭に、様々な本を読んだりしました。

なるほど、こんふうに社員に接することが徳なのだな、とわかった気にもなりました。でも、そんな美談を聞き、自分で実践してみようと思うのですが、なかなかうまくいきません。

なんでうまくいかないのだろう。疑問に思いましたが、「そりゃ同じ人間じゃないし時代背景も違うし、無理だろ！」と自分で勝手に結論づけて、そのままになりました。

その後、会社を潰して再学習をするとき、心理学も勉強しなおしました。以前から心理学に関心があったことと、これからは心理学の知識は生きるうえで必須だと思ったからです。

心理学の知識を得て、社長時代の何かわかったようでわからない「徳」についてもう一度考えてみました。

「徳」を実践していくことは、人の話を「よく聞くこと」、人に「うまく伝えること」、人に対して「素直になること」、この三つだと思い至りました。

実は、これは言葉で聞いてなるほど、と思えるほど簡単なものではありません。

しかし、自分で気づき日々意識していけば向上させることができるものでもあります。

まずは、この三つに日頃から気をつけてもらえればと思います。

74訓

誉めれば好かれる

筆者は、相手の短所に目をつぶることが結構苦手です。ネガティブ思考なのでしょうか。どうしても、できない点が気になってしかたがありません。

それではいけないと、欠点を指摘する気持ちがむくむくと出てくると、「いかんいかん」と呪文のように唱え、シフトするようにしています。

経営をうまく行っている社長は、誉め上手な人が多いものです。

誉めるということは、その人の大切にされたいという本能的な欲求を満たしてあげることでもあります。

本能的な欲求を満たしてあげると、人は、相手に好意を持つものです。ですから、誉め上手な社長は間違いなく社員から好かれています。

「わかっちゃいるけどねぇ」という社長さんたちのため息も聞こえてきそうです。どうしても、できない点を直させようと思ってしまいます。

経験的に皆さんもお気づきかと思いますが、短所はなかなか直るものではありません。無意識の行動様式が身についてしまっているからです。

また、短所が気になるということは、自分の枠組みに相手を押し込んでしまおうということでもあります。自分の枠組みなどに入るわけはありません。

人は十人十色なのです。

照れくさいでしょうが、なんとか良い点を見つけて、誉めてあげてください。

最初はぎこちないかもしれません。とってつけたような誉め言葉になってしまうかもしれません。

でも、コミュニケーションは慣れです。

毎日心がければ、気がついたときは、きっとスムースにできているでしょう。

75訓 怒りをぶつけるな

人は、とかく感情を先に伝えがちです。
特に伝わりやすいのは、怒りの感情です。

社員が、指示した内容でない資料を作り、あなたに持ってきたとしましょう。
これは指示した内容ではないから作り直すようにと伝えたいのですが、「なんでこんな資料を作ったんだ！　俺のいうことを聞いていたのか！」と怒鳴ってしまいがちです。
ブチブチ切れている社長は、伝えたい内容よりも怒りという感情を伝えてしまっています。筆者もこんな社長でした。

コミュニケーションでは、どうしても自分の感情が先に伝わってしまい、本当にいいたいことが伝わらないものなのです。
このコミュニケーションの特質を知っていれば、自分が意識することで、コミュニケーション・スタイルを変えていくことができます。

そんなに難しいことではありません。
しかし、最初からうまくはいきません。
「ああ、また怒ってしまった！」と思うことのほうが多いでしょう。
今までの「癖」がありますから、すぐには直らないものです。
それでも、常に意識していると少しずつですが、感情をいきなりぶつけるのではなく、いいたいことを冷静にいえるようになります。
コミュニケーションの特質を知るだけでも、経営の質を上げることができるのです。

76訓

人によって接する態度を変えない

人は、相手によって、態度を変えてしまうものです。

社長としての顔。

夫・妻としての顔。

親としての顔。

子供としての顔。

友達としての顔。

得意客としての顔。

いろいろな顔を持っています。様々な顔を持っていますから、態度を変えることは仕方がない面もあります。

しかし、あまりにも人によって、接する態度を変えてしまうと、信用されなくなります。

また、会社の文化・風土を作る上でも、大きな問題となってきます。

頭を下げて「ありがとうございます」とお客様にいい、お客様と別れたとたんに、お客様の悪口をいう。

お客様には、「お客様の利益を第一に考えています」といっておきながら、社員にはもっと売り込め・押し込めという。

トップがそんな態度をとっていると、必ずそれは企業文化として根づいてしまいます。

いくらお客様のためにといっても、お客様は、儲け主義の下心を必ず見抜きます。

そして、お客様は離れていきます。

相手によって態度を変えることは、致し方ないところではあります。しかし、“軸”がぶれないように注意をしていないと、誰からも信用されなくなります。

気づくとお客様が誰一人いない。

そんな恐さを知っておいてほしいと思います。

77訓

人の話を聞いているか

人の話を聞いているときは、
「そうじゃないんだけどな」
「なるほどな」
「そりゃだめだよ」
などと、自分の頭の中で自分の声が鳴っているものです。
自分の考えが浮かぶのは、本能ですから、しかたありません。
しかし、いつも自分の声ばかり聞いて、相手の話を評価・評論していると、相手はもう話をしても無駄と思い、何も話さなくなります。

本当に「聞く」ということは、自分の声のスイッチを切って、相手の話だけを聞くことです。
これは、なかなかできないことです。

では、どうすればいいか？
こんなことを心掛けてください。
相手の話をまずはそのまま受け入れてみるということです。
「なるほど、そんな考えをするんだな」と思うことです。
人は、いろいろな意見を持つものです。
自分が想像できない意見を持つものです。

相手の話を評価・評論をすぐにしないで、「なるほど、そんな意見もあるんだな」と、一旦は受け入れてみることです。
これを繰り返していくことにより、自分のキャパシティを広げ成長させていくことができると知っておいてください。

78訓

指示をやめると人は動く

意のままに動かそうと思っている社長は多いと思います。

社員を意のままに動かしたい。そう思って、指示し熱く語ります。

人は誰でも、周囲を意のままに動かしたい。そんな本能的な欲求を持っているのです。

ですから、社長は、社員を意のままに動かそうと無意識に思ってしまうものです。

社員も例外ではありません。社員も周囲を意のままに動かしたいと思っています。

それなのに、社長から「意のままに動け！」といわれれば、どうなるでしょうか？

答えは簡単です。

「反発（リアクタンス）」します。

社長が意のままに動かそうと思えば思うほど、社員は反発し社長のいうことを聞かなくなります。

自分の思うように動かしたいと思うなら、命令をしないで、尋ねることです。

「で、君はどうしたい？」

その答えが、社長と違っていたとしましょう。

でも、怒ったり社長の考えを押し付けてはいけません。

まずはその通りさせてあげてください。

失敗をしてもいいではないですか。

人は、失敗をして学んでいくものです。

失敗するとわかっていても、任せていくことが大切なのです。

人を思うように動かすためには、指示をしないで任せる勇気が必要だと知っておいてください。

79訓

自己正当化の落し穴

人の頭の中は、自分を正当化するようにできています。

これは、生物として当たり前のことです。

自己正当化しなければ、寿命を伸ばすことはできないからです。

自分を最後は正当化するようにできていないと、人は失敗をすると自殺してしまいます。

失敗をしても立ち直って次へ行けるのは、「次は失敗しない」「まだ頑張れる」と、そう思って、自己正当化することにより次へ進めるのです。

経営においては、これが落とし穴となってしまいます。

どんなにまずい状況を示している試算表を見ても、社長は、「いや、でも大丈夫だ！」と自己正当化してしまうのです。

ですから、経営をするにあたっては、自分にダメ出しをしてくれる優秀なブレーンを持たなければいけません。

今までは、外部ブレーンなど必要ないという社長が多かったですが、これからはそんな社長では経営をしていくことはできません。

自己正当化をいかに防ぐことができるか？

これが、これからの社長の課題になることは間違いありません。

80訓

自分のものさしで考えない

人は、自分をものさしに、何事も考え想像します。

悲しい映画を見て泣いたとき、この映画を見た人はみんな悲しくて涙を流すものだと思い込んでしまいます。

しかし、あまり悲しく思わない人もいますし、涙を流さない人もいます。

世の中には、自分の想像を超えている人がたくさんいるものなのです。

社長は、自分が感じること思うことは、社員も同じように感じるし思うものだと勘違いをしてしまいます。

すべての社員が社長と同じに感じ思うことはありえません。

しかし、自分と同じなのだと思い、また同じであるべきだと思い、「どうして、お前達は、わからないのだ！」と叫んでしまいます。

社長が陥りやすい落とし穴です。

社長に必要なことは、“多様性受容”です。

世の中には、自分の想像を超えることを考え思う人がいるのだ。そして、それが当たり前なのだ。そう思い、目の前の人の話を受け入れることです。

受け入れることは、同意することではありません。

反対意見であれば、受け入れてから反対だよ、といえばすむことです。

受け入れる＝同意と勘違いをして、話を途中で遮り、「なぜ、君はわからないのか！」と、叫んでしまいます。

“多様性受容”、心がけてほしい帝王学の一つです。

81 訓

社員の心の欲求を満たしているか

社長は、時間もお金もありますので、勉強もいろいろしている人が多いものです。

ですから、社員のいうことについて、「そんなことはわかっているよ」とか、「だから、大変なんじゃないか」など、社員の意見を馬鹿にしてしまいがちです。

しかし、社長が「そんなことはわかっている！」と一言怒鳴ると、社員は何もいわなくなります。

「いっても、また雷が落ちるだけだしな」と、そんなふうに陰でいって、おしまいです。

こんな社風を作っておきながら「二条さん、うちの社員は意見をいえ、といっても全然いわないんですよ」と嘆く社長さんが多いのです。

社長は、聞くが８割。話すが２割です。

必ず実践してください。

特にこれから社長として社員を引っ張っていかなくてはいけない後継者の皆さん、「これを実践しないと会社は危ない！」と危機感を持ち実践してください。

人は、本能的な心の欲求があります。

① 聞き手を求める欲求
② 告白したい欲求
③ 理解してほしい欲求
④ 成長したい欲求

の四つです。

この四つの本能的な欲求を満たしてあげられない社長は、経営が継続できないといっても過言ではありません。

これからは“心の時代”になると知っておいてください。

82 訓

現場の声を聞け

会社の代表にもなると、自分が一番偉いと勘違いをしてしまいがちです。
「何かあったら、おれのところに報告に来い！」
「いわなきゃ、わかんないじゃないか！　なぜ相談に来ない？」
「君から僕に連絡や報告をすべきだろう、何をやっているんだ！」
こんなことをいってはいませんか？
“ほうれんそう”は、仕事の基本です。社員にそれを守らせることは重要です。
しかし、です。ふんぞり返って、「お前達が俺にいって来い」という態度もいかがなものでしょうか。

経営をうまく実践している社長ほど、自分から現場に下りて話を聞いています。聞き出すのがうまいのです。
ある会社では、社長が少し現場を回るのを止めたら社員からこんな意見が出てきたそうです。
「社長がいらっしゃると、何も声をかけてくれなくても、私たちはやる気が出てきます。社長が見てくれていると思うだけでも気が引き締まるのです。ですから、社長も忙しいでしょうが、ぜひ見回りに来てください」。
いい社長、そしていい社員です。

誰が偉いとか誰が偉くないなど決めることはありません。
社長として、毅然とすることは大切ですが、いつもオープンに心を開き、現場の声を聞く姿勢を持つことはもっと大切です。
それができずに、ふんぞり返っている社長は、社員など雇わず自分ひとりで事業をしてほしいと思います。

信念に従っているか

社長であれば、誰でも最終決定に悩むものです。
こちらを立てればあちらが立たない。
あちらを立てればこちらが立たない。
経営は、そんな葛藤との闘いであり、葛藤をどのように処理するかが社長の仕事ともいえるでしょう。

迷ったとき、どうすればいいのでしょうか。
友人に聞いてみる。
師匠にアドバイスをもらう。
いろいろなことをして正しい決定をしようと試みます。
それでも迷ったときはどうすればいいのでしょうか。
最後は、自分の「信念」に従うしかありません。

「信念」とは、自分が信じて疑わないものです。
これだけは、譲れない。そんな自分の最後の柱です。
これを失ったら自分ではなくなる。そんな最後の価値観です。

「信念」を会社の価値観に変換したものが、「経営理念」です。

悩んだときは、経営理念に照らして決断するともいえるでしょう。
迷ったとき、最後に頼れるのは、自分自身なのです。

84訓

撤退が一番難しい

イラクで命を落とされたあるジャーナリストが、以前このようなことをいわれていました。

「戦争も、戦争の取材も、撤退が一番難しいのです」。

経営も同じではないかと思います。

自信をもって始めた事業。

成功を確信して始めた事業。

自分の持てる知識と才能を活かして始めた事業。

どんな事業も、始めた社長の思入れや自信があるものです。そんな想いのある事業を止めることは、大変勇気がいることです。

赤字が続いて、これ以上続けることは難しい。

わかっているけど、「もう少し頑張ればなんとかなる！」。そう信じて、続けてしまいます。

結果、傷口はさらに大きくなって、取り返しのつかない重荷を背負ってしまうことになります。

誰も失敗しようと思って始める人はいません。

誰も撤退をしようと思って始める人はいません。

成功を信じていくものです。

しかし、うまくいかないこともあります。思いどおりにいかないこともあります。

10年で生き残る会社は１割ともいわれています。それだけ、経営は厳しい環境の中で行わなければいけません。

ダメだと思ったら、どんなに愛着や自信があったとしても、スパッとやめてしまう。そんな決断ができる社長だけ、生き残っていけるのではないでしょうか。

撤退こそ、最も難しい経営判断であるとわかってほしいと思います。

85訓

価格競争は末期症状と知れ

お客様は、「自分にとってよいこと」を敏感に感じて、皆さんの商品・サービスを購入していきます。マーケティングでは、この「自分にとってよいこと」＝ベネフィットをいかに作り上げるかが課題となります。

お客様は、「自分にとってよいこと」を感じるいろいろなアンテナを持っています。①品質、②スピード、③接客、④アフターサービス、⑤価格、このようなアンテナは、一人のお客様がいくつも持っています。

例えば、ファーストフードの店に入ったとき、お客様は「スピード」というアンテナで「自分にとってよいこと」を感じていきます。驚くほどおいしくなくても、スピーディにハンバーガーが出てくればOKなのです。

しかし、高級フレンチレストランに行ったときはどうでしょうか。スピードというアンテナはあまり作用していません。「品質」というアンテナでお客様は「自分にとってよいこと」を感じていきます。

このアンテナには「価格」というものもあります。安ければいい！　という価値観です。

このアンテナに向けて商いをすることは極めて危険です。なぜなら、このアンテナの先にあるお客様の本音は、「無料がいい！」だからです。最後は0円で提供しなければいけなくなるのです。

そうはいっても、価格競争になっていて、どうしようもない！　そんな皆さんもいらっしゃるでしょう。業界によっては、とにかく価格を叩かれる、そんなところもあると思います。

しかし、その先にあるものは同じです。最後は0円で提供しなければいけなくなります。だからこそ、価格以外のお客様のアンテナに訴えていくことが求められるのです。

これこそ、社長の知恵の絞りどころです。あきらめずに考え抜いてください。

86訓

手に入らないものを渡す

商いとはなんでしょうか。

お客様が「ほしいなぁ～」と思うもの、「いいなぁ～」と思うものを用意することです。「お客様が手に入れることがなかなか難しい物や事をどうぞ！」とお渡しすることです。

これが、商いの原点です。この原点を忘れてはいませんか？

どうしても売り手の論理で考えてしまう習慣がついているようです。もちろん、筆者もそうでした。「今月はいくら売ろう！」「今年はいくら売ろう！」そうやって目標を立てて「達成しなければボーナスないぞ！」と社員に活を入れ経営をしてきました。

しかし、商いの原点から考えれば、これはおかしなことです。原点で考えれば、「今月はいくら売ろう！」なんて、お客様に失礼なことを声高に叫んだりはしません。

どうすれば、お客様が喜んでもらえる物や事をお渡しできるだろうか？

どうすれば、お客様が欲しがっている物や事を用意できるだろうか？

そんなお客様の心理で考えることが商いの原点に戻ることです。

会議は、「いくら売ろう！」と売り手の論理で考える場ではありません。

お客様がさらに「いいなぁ～」と思う商品やサービスはなんだろうか？

そんなことを考えていく場が会議です。

そう考えれば、経営はとても楽しいものです。

「冗談じゃない！　経営は大変だよ！」

そう思う方は、昨年までの実績にガチガチに縛られてしまっているようです。

何かを失わないように、と思うから苦しくつまらないものになるのです。

商いの原点を考えれば、商いは楽しくワクワクし朝起きることが待ち遠しくなるものだと知っておいてください。

87訓

非効率こそ儲けのネタがある

「経営は、効率よく行わなければいけない」
「ムリ・ムダ・ムラをなくさなければいけない」
「省力化でやらなければいけない」
昔からいわれていることです。
しかし、果たしてそうなのでしょうか。

効率よくやることが果たして利益を生むのでしょうか。
「利益を上がるために！」という掛け声のもと、様々な効率化・省力化が進められます。
しかし、これを続けていくことは、利益を上げること。これが目的となってしまいます。

経営の目的は、利益を上げることではありません。
利益は、経営を続けるために不可欠です。しかし、利益を上げることが目的ではありません。
効率化を求めると、利益を上げることが目的化し、結果としてお客様が喜ばない、不快に思うようなことも平気で実行してしまう。そんな顧客不在の会社になってしまいます。

極端な話かもしれませんが、こう思います。
「売上や利益を上がることを忘れて、手間がかかってもお客様が喜んでもらえることは何かを考え実行したらどうか？」
それくらい、世の中の会社は、盲目的な効率化の病に冒されています。
非効率なことを思い切って実行することにより、他社との差別化が図られます。
めんどうくさくて、他社がやらないこと。そんなところに、儲けのネタがあるのです。

88訓

表裏がある会社は滅びる

お客様に対しては、ぺこぺこしていて、お客様が帰るとお客様の悪口をいう。そんな会社や店はよくあるものです。

「お客様によって態度が違う」

「お客様がいるときといないときとで態度が違う」

「取引先によって態度が違う」

こんなふうに、態度がコロコロ変わる会社を皆さんはどう思いますか。

筆者は、こんな会社は信用できないと思います。

しかし、意外とこのような会社は多いのです。

おそらく、社長や社員の方は、無意識にこんな態度をとっているんだと思います。

怖いのは、無意識にやっているにしろ、だんだん病に冒されてしまうということです。

どんな病か？　裏でやっていることが表に出てきてしまうという病です。

いつか、必ず、裏で陰口・悪口をいってきたことを、お客様に対していうようになってしまいます。

また、いわなくても態度で出てしまうようになります。

結果、その会社は破滅の道を歩み始めることになります。

表裏があっては決していけません。

常に一貫した態度と言動を心がけなければ、いつかぼろが出てしまいます。

表裏がある会社にしないことも、社長の仕事の一つです。

89
訓

独自の味をつくれ

ラーメンには、いろいろな味があります。
「あの店のスープはすごい！」
「チャーシューもうまい！」
「麺もなかなか！」
どれもこれも食べたくなってしまいます。
どのラーメン店も、お客様に覚えてもらおうと、必死になって独自の味を作っています。
なにしろ、特徴がないとすぐに忘れられてしまいます。

会社経営も同じです。
「うちにしかない！」
そんなオリジナルな「味」があるか？　です。
オリジナルな味が、差別化のポイントであり、利潤の源泉である「差異性」になるのです。
お客様に特徴を覚えてもらうことも重要です。
何も流通業・サービス業・飲食業などに限ったことではありません。

覚えてもらうためには、一言で会社の「味」を説明できることが求められます。
長ったらしい「味」の説明では、お客様は覚えてくれませんし、他人に広める＝口コミもしてくれません。
あなたの会社のオリジナルな「味」は、何ですか？

90訓

やめる条件は決めたか

新しいことを始めるときは、勢いもあり、楽しいものです。

筆者の前の商売は小売業でしたから、出店がこれにあたります。店を出すときは、全社がおめでたい雰囲気になりました。

誰も失敗しようと思って始める人はいません。成功を確信して始めます。

しかし、うまくいかないこともあります。

そんな、もしうまくいかなかったら？　と最初からその段取りを考えることも、経営では必要です。「縁起でもない！」と思う方もいるかもしれませんが、投資に見合った収益を上げていくことが経営の目的であれば、“損切り”の基準をあらかじめ明確にしておくことも大切なことです。

どんなことになったら、やめて撤退するのか？　という基準です。

「半年間、赤字が続いたら」

「３か月で売上が立たなかったら」

「１年でお客様が倍にならなかったら」

「用意したお金が半分になったら」

と、いろいろな基準があるかと思います。

それを事前に作ることと、それを公言することが大切です。

社長ひとりで思っていると、どうしても自分の中で、まあまだいいだろう、と自分に有利に判断してしまいがちです。

公言すれば、周囲の目がありますから、撤退せざるを得ません。

どんな基準を超えたら、事業継続を打ち切るか？　シビアな話になりますが、社長自身が明確に基準を持っていないと、ずるずると地獄へ入ってしまい、最悪の結末になることも知っておいてください。

91
訓

アイデアが尽きたら潮時と思え

社長の仕事はたくさんあります。お金のことから人のことから、もちろん商品・サービスについて、何から何までやらなければいけません。

社長の仕事の中で、もっとも大切なこと。その一つに、アイデアを出すということがあります。

アイデアは、現状に対する危機感から生まれます。

危機感は、「これでよいのだろうか？」「いまのままで大丈夫か？」そんな、今に対する満足しない気持ちから生まれてきます。

もっといえば、倒産に対する恐怖から危機感は生まれてきます。

危機感があれば、「こうしよう、ああしよう」というアイデアが自ずと生まれてくるものです。

「会社の組織をこうしよう」

「お客様にはこうしよう」

「今の商品をこんなふうに改良しよう」

「資金不足にならないようにこうしておこう」

と、次から次へとアイデアは生まれてきます。泉のごとくです。

社長が自分の潮時を考える一つの目安は、このアイデアが出てこなくなってきたときです。

社長業は、スポーツのように「体力、気力の限界で引退します」とはなりません。自分が動かなくても人を雇っていれば、極端な話、「ああせい、こうせい」でも経営はできてしまいます。

しかし、アイデアは、誰も補ってくれません。体力、気力があっても、アイデアが枯渇することはあるのです。

「ああしよう、こうしよう」、そんなアイデアが以前より出なくなったなぁというときが、次の世代へバトンタッチする一つの目安と知っておいてほしいと思います。

92 訓

浅く考える

思考には、
① 速度、
② 深度、
③ 確度
の三つがあるといわれています。

速度とは、頭の回転の速さです。頭の回転が早い人は、話す言葉も速くなります。話すスピードと頭の回転は相関関係にあるといわれます。

深度とは、思考の深さです。経営には、熟慮を重ねなければいけないことがたくさんあります。

確度とは正確さです。いくら回転が早く深くても、正確でなければ意味がありません。

このように社長には、思考の三要素がバランスよく求められるのですが、ここで一考です。

経営には、時には、深く考えすぎず、浅く考え即行動していくことも求められます。

これは、よくいわれる即断・即決・即行動とは違います。

少しは考えるのです。

しかし、考えすぎないことです。

浅く、広く考えていくのです。上から俯瞰し、全体像をまず把握するために、浅く考えるのです。

深く考える局面と、全体を把握するため浅く考える局面とをよく見極め、思考のモードを切り替えることも必要だと知っておいてください。

93 訓

意識することで会社はよくなる

経営はどうすればよくなるのでしょうか。
業績はどうすれば上がるのでしょうか。
答えはいろいろあります。
「もっと知識を身につけましょう」
「もっと商品力をつけましょう」
「もっと営業を強化しましょう」
「もっと新しいお客さんを増やしましょう」
「もっとお金が余るようにしましょう」
「もっと社内を活気あるようにしましょう」
と、まあ、次から次へと解決策は出てきます。

しかし、その根本にある大切なことは何でしょうか。
それは、「意識する」ということです。
意識しなければ、問題や課題を認知することができません。
認知できなければ、一歩も行動することができません。

何を意識すればいいのでしょうか。
なんでもいいのです。もっといえば、すべてを意識することです。
お金のこと、社員のこと、お客様のこと、取引先のこと、会社の設備のこと。思いつくすべてです。

意識をすれば、何かが必ず見えてきます。
意識しなければ、気づかず通り過ぎてしまいます。
あなたは、いくつ意識していますか？

94 訓

自覚症状が出てからでは手遅れ

筆者の父は、20年前、肝臓がんで亡くなりました。おなかが痛い。そんな自覚症状が出て、病院に行ったら、即入院。家族も呼ばれて、いきなりがん告知です。

がんは、自覚症状が出たときには手遅れなどとよくいわれますが、まさにそのとおりになりました。

人の病気だけでなく、経営も同じです。

「売上が下げ止まらない」

「売上が伸び悩んでいる」

「顧客が離れていく」

「新しい顧客が増えない」

「お金が足りない」

「社員が辞めていく」

と、こんな自覚症状が出ているときは、手遅れの「可能性」があると自覚することが大切です。

さらには、臨界点を超えないように早めに手を打つことが求められます。臨界点を超えると、経営は何をしても座して死を待つだけとなります。

具体的な自覚症状が出ているときは、経営の専門家に見てもらい、第三者として冷静なアドバイスをもらうことです。

そしてさらに悪化しないよう、今できることを即「実行」することが重要です。

自覚症状が出ていなくても安心はできません。

常に試算表を見て、自社の状況を正確に把握することを怠ってはいけません。

自覚症状が出る前に、先手先手で実行してほしいと思います。

95訓 オーナーと経営者は違う

中小企業の多くは、社長が大株主です。いわゆるオーナー経営が、中小企業の特徴です。

オーナー経営のよい点は、なんといっても、スピードです。社長が、「右！」といえば、即日会社は右に向かって行きます。「いや、間違えた、左だ！」といえば、これまた即日左に向かいます。どんな環境変化にも柔軟に即対応できる。中小企業の強みです。

オーナー経営の難点は、社長の暴走を止められないということです。また、社員がどうしても社長の顔色を見ながら仕事をするようになります。オーナー一族に逆らってはいけない。どうせ社長にはなれないんだから。そんな文化も醸成されがちです。

株式会社の本来的な姿は、「お金持ちが経営のプロに会社運営を任せるから、そのかわり配当出してね」というものです。

お金持ちがなぜ自分で経営をしないのでしょうか。それは、経営にはプロのスキルが求められるからです。単に、お金があるからとか財産があるからとかでは、経営はできないことがわかっていたのです。だから、会社運営に長けた経営のプロに委託して任せようじゃないかとなったわけです。

ここが大きなポイントです。オーナーたる資格と経営者たる資格は自ずと異なるのです。経営は、経営の基礎を身につけたプロが行うべきものなのです。多くの中小企業では、オーナーだから経営をしていることになっています。

オーナーだから経営ができるとはいえません。経営のスキルを身につけていないオーナーが経営をしている。これも中小企業の実態の一つです。行き詰まったり伸び悩んだりしている原因の一つではないかと感じます。

経営者としてのスキル＝技術を本当に身につけて経営をしているのか。今こそ、多くの中小企業オーナー経営者が、自分自身に問うべき時期にきていると思います。

96訓

感動を与えているか

小さい頃、こんなことがあった、あんなことがあったという記憶は徐々に薄れていくものです。

思い出せなくなるのも致し方ありません。なにしろ人間は忘れる動物ですから……。

しかし、何を感じたか？　そんな「心」で感じたことは昔のことでも忘れないものです。

特に感動したことは、深く深く心に刻み込まれます。

経営を行う上でも同じです。

お客様に対して感動を与えているでしょうか？

「とても素晴らしい！　一生忘れないよ！」そんな感動を今まで一度でも与えたことがあるでしょうか。

社員に対しても同じです。

「この会社に勤めてよかった！」、そんな感動を社員に与えたことはあるでしょうか。

感動はすぐに当たり前となるからダメだ。そのうち何をしても感動しなくなる。そういって、感動を与えることに対してネガティブな人もいます。

感動が当たり前となったらどうしよう。

そんなことは感動を与えてから考えればいいことです。

感動を与えられる。それは、素晴らしいアイデアと行動力と計画性があるかということです。

もちろん、経営に限らず、家族にも感動を与えてくださいね。

最近、感動を与えていますか？

97訓 理念やビジョンを強要するな

経営理念やビジョンは大切です。

経営理念やビジョンは、「こんな会社にしたい！」という理想の会社のイメージです。

理想の会社のイメージを具体的にもっていなければ、理想の会社にしていくことはできません。

まずはこの理念やビジョンを作ることが大切です。

このような「お題目」をバカにしてはいけません。

さて、作ったあとはどうすればいいでしょうか？

どの社長もやること。そうです、社員の皆さんと共有しようということです。

「皆さん、こんなことだから、わかったな！」

上から下へ、業務連絡のごとく伝えます。

問題なのは、理解せよと強要してしまうことです。

大切なことは、納得してもらい、社員の“胸にストン”と落としてもらうことです。

“胸にストン”と落としてもらわなければ、行動してもらえません。

強要するだけで、わかってもらったつもりになってはいけないと肝に銘じてください。

98訓

儲けは目的ではなく結果だ

経営の目的は何か？　様々な答えがあります。10人社長がいれば10通りの答えがあるでしょう。

かのドラッガー先生がいわれているように、「利益は経営の条件である」のであり、目的ではないと筆者も思います。

経営の目的は、お金を増やすことです。

手元の資金を銀行に預けているよりは利回りがいいから商いをする。これが目的の一つでしょう。

しかし、もう一つ目的はあります。それは、自分自身や会社の使命を果たしていくということです。

何のために商いをしているのか？

世の中にどんな貢献をしようとしているのか？

己の存在を示していくということです。

一つの目的だけで経営をするとおかしくなります。

儲けを考えてばかりいると、あるお店のように、わずか300円の配送料までロイヤルカスタマーに負担させるという間違った経営をしてしまいます。

儲けは、顧客のことを考え日々行動した結果にすぎません。

儲けだけを目的にすると、顧客の視点で自社の商品・サービスのあり方を考えられなくなります。

このバランスをとるためには、マーケティングという基礎知識を身につけることが一番です。

マーケティングの知識を身につければ、自ずと顧客に支持される自社のあり方を考えられるようになります。

儲け・利益は大切ですが、日々の企業活動の結果なのだと心得てほしいと思います。

99訓

売上が上がっても在庫は増やすな

売上が上がると、慣れていない社長がまずとる行動があります。

お祝いの杯をあげる！　ということではありません。

売上が上がると、もっと売れるだろうと商品を必要以上に仕入れてしまうということです。

これは、人の心理として致し方のない面もあろうかと思います。

人は期待が高まれば高まるほど、リスクをみなくなるという傾向があります。

「いける！」と思うと、「これで間違いない！」と思い込んでしまうのです。

もちろん、その読みが当たって、売れればいいのですが、売上は水物。ぱったりと売れなくなったとき、在庫は、1円にもならない不良資産となってしまいます。

たくさん在庫を買ってしまう心理は、品切れを起こしてはもったいないというものもあります。機会損失です。

機会損失は、もったいないことではありますが、かといって売上を見込んで在庫を抱えることはとても危険なことなのです。

一度、この「痛い」経験をしている社長は、売上が上がっても容易に在庫を増やすことはしません。在庫が膨れ上がったときの恐怖を知っているからです。

お客様が魅力に感じなくなった商品は、たとえただで配ってもお客様に受け取ってもらえません。これは、とても恐いことです。

手持ち在庫を増やさないで、どうやって品切れ御免を起こさないか、ここが社長の腕の見せ所なのです。たくさん買ってお客を待つなんて、お金さえあれば、素人でもできることなのです。

在庫を持たなくては、という誘惑に安易に乗らないようにしてほしいと思います。

100訓

他社にない強みは何か

「オンリーワンしかない」。よくいわれることです。
しかし、"言うは易し、行うは難し"。
それでも、いい続けたいと思います。「オンリーワンしかない」と。
これだけは、負けない！　そんな強みはありますか。

しかし、特殊な技術やオリジナル商品がなくても、心配は要りません。
お客様を大切にする気持ちは、どこにも負けない。
接客のときの笑顔だけは、どこにも負けない。
そんなことでもいいのです。
これだけは、どこにも負けない。そんな気持ちが、会社や商品・サービスへの誇りを生み出すのです。

「お客様を大切にする気持ちをあなたはどう表現していますか？」
「毎日の行動で、どのようにそれを表現していますか？」
そんな具体的な行動レベルに置き換えていくことも大切です。
例えば、絶対にお客様にノーといわない。リッツカールトンの強みです。
競合他社が真似できないことの一つです。

オンリーワンは、社長が決断すれば、できることです。
オンリーワンなんかうちではムリムリと思っているうちは、オンリーワンになれるわけがないのです。

101訓

失敗しなければ成功しない

新しいことをやるときは、必ず仮説を立てます。

「こんなお客様がいて、こんな商品・サービスを欲しがっているのではないか？」

そんな仮説を元に事業を組み立てていきます。

この仮説が曲者です。

必ずしも、自分が立てた仮説が正しいとは限らないからです。

相手はお客様。それも、どんなことを考えているかわかりません。

そんな得体の知れない方々を相手にしていくわけです。

思惑どおりにいくことなど少ないでしょう。

失敗し、立ち上がり仮説を立てまた実行する。そして、また失敗し立ち上がり仮説を立てる。この繰り返しです。

ということは、仮説をいくつもたくさん立てておいたほうが、成功する確率は高まるということです。

一つの仮説では、1回失敗したらおしまいです。たくさんあれば、そのうち1つは成功するかもしれません。

うまくいかないで当たり前。

まずはドンドン考え行動してみる。失敗したらまた行動してみる。

何回失敗しても、恐れず挑戦していってほしいと思います。

102訓

商品は命

商売にとって、何が一番大切なのか？
一番大切なものは、商品そのものです。
商売にとって、商品は命そのものです。

しかし、この商品を大切に思わない社長が意外と多いものです。
商品を粗末に扱うということではありません。商品以外のことに躍起になっているということです。
社長が一番夢中になり、集中し考えるといった試行錯誤を繰り返さなければいけないのは、自社の商品についてです。
人事、財務も大切です。人が動かなければ経営はできません。財務がわからなければ、効果的な対策も作れません。

しかし、一番エネルギーを注入しなければいけないのは、商品です。
商品がよくなければ、どんなによい人材がいても、どんなに社長が試算表を読めても、業績は上がりません。
「あなたは、自社の商品について、説明ができますか？」
「あなたは、自社の商品について、社員よりも詳しいですか？」
「あなたは、自社の商品について、誰よりも自信を持っていますか？」
「あなたは、自社の商品について、誇りを持っていますか？」
筆者は、この一番社長が詳しくなければいけない商品について、自信が持てない、ダメ社長でした。

商品について、社員の誰よりも詳しく説明ができるようにならなければ、筆者と同じ過ちを犯すことになるでしょう。
誰よりも詳しく、そして誇りをもってほしいと強く願います。

103 訓

自社のことばかり考えない

自社の目的だけを達成しようと思うことは、あまりにも独りよがりです。

とかく視野が狭くなって、自社のことだけを考えがちですが、自社があるのは、お客様、社員、取引先などのおかげです。

感謝の気持ちを持てば、己れのことだけ考える、そんな独善的な姿勢はなくなるはずです。

自分のことばかり考えていては、リーダーは人々を代表することはできません。

自分の問題だけでなく、周囲のいろいろな人も問題も自分の問題として考えることができる人。

それが、リーダーたりえる人です。

会社も同じです。

自社のことだけなく、関係先のことすべても自社の問題として考え一緒に歩む。そんな姿勢が求められるのです。

自社を取り囲むすべてのことを考えていれば、自然と支えてくれる人達が増えてくるものです。

自社のことしか考えられなくなる。社長の落とし穴の一つですから、気をつけてください。

104訓

経営とは使命を果たすこと

なぜ、事業をするのか、その意味を問いただしたことはありますか？

後継者の場合、親から継いだ事業をなんとしても続けなくては…。また、大きくしなければ…。

そんな義務感・責任感から事業を続けている方が多いと思います。

筆者もそうでした。とにかく、父が苦労して作った会社を潰してはいけない。そんな責任感・義務感から、経営をしていました。

しかし、これだけでは、継続して事業を続けることはできません。

長く事業を続けていくためには、自分は何のために事業をしているのか、きちんと見直す必要があるのです。

経営とは、この世に存在するその命をまっとうしていくことに他なりません。

会社の使命は、社長自身の使命から落とし込んでいかなければいけません。

なぜなら、社長自身の使命から落とし込まなければ、人の心を打つことはできないからです。

人の心を打たない経営は、人がついてこないものです。

会社の使命を考えることは、社長自身の使命、すなわちこの世にいて自分は何を貢献しようとしているのか？　その答えを考えることです。

そして、理解してもらおうがもらえないが、とにかく伝え続け叫び続けることが、大切なのです。

あなたは、どんな使命を果たすために今を生きていますか？

105 訓

儲かったら何をするつもりか

いくら儲かるかを予測することはとても大切です。目標を確実に認知することから、経営は始まります。

今年の利益をきちんと捉えていますか？
金を儲けなければ会社は成り立ちません。
利益がなければ会社を続けていくことはできません。

しかし、社長はそれだけに終わってはいけないのです。
儲けて、どうするのか。何をしたいのか。それを明確に描かなくてはなりません。
“経営は山あり谷あり”。良いこともあれば悪いときもあるものです。
お金儲けだけでは、悪くなったとき、「儲からないからやめた！」と会社を放り出してしまいます。
悪いときでも「よし、がんばるぞ！」と思える源は、儲けて何をしたいか？　という夢に他なりません。
お金儲けが目的では、いづれ会社は破綻してしまうのです。

儲けたお金で、どうしますか？
この問いにきちんと答えられて、一人前の社長です。

106訓

独学では視野は広がらない

ちょうど中小企業診断士の勉強をしていた頃でした。当時は、経営管理という科目があって、そこでマネジメント理論の歴史を振り返る授業がありました。テーラーから始まって、ホーソン工場の実験とか、X理論Y理論などのように変遷を学習しました。そしてそれらは、経営者時代から本で読んで知っていたことばかりでした。

しかし、筆者の知識はぶつ切りです。

社長の勉強は、自分の興味関心のあるところから始まりますが、興味関心のあるところから入ると、どうしても知識は体系的にならずぶつ切りになってしまう傾向があります。

筆者も同じでした。歴史から体系的な知識を学習することによって、自分がとっていたマネジメント・スタイルはずいぶん古かったのだなと理解できました。

皆さんも、日々苦労されながらまた悩みながら、自分のスタイルを作っていることと思います。

それは、学者さんが研究しているスタイルのどこに分類されるのか？

また、それを解決するための違うスタイルはないだろうか？

そんなことも、マネジメントの歴史や変遷を知ることにより、理解の糸口が見つかると思います。

筆者が、再学習をして思ったのは、自分も含めて中小企業の社長は、勉強が足らないということです。社長の勉強は、自分の興味関心があることだけではいけません。

「興味関心がないな！」「今そんなことを勉強しても経営に活かせないな！」と思うことでも、それを勉強することによって視野が確実に広まるのです。

興味関心だけの独学では視野は広まらず、逆に周りがますますバカに思えてしまうなど、経営にとっていいことはないと知っておいてください。

107訓

数字に慣れろ

「経理は慣れが必要だ」

筆者の経験から、間違いなくそういえます。

経理が苦手だからと1か月間缶詰になって合宿をしても、経理財務は身につきません。毎日毎日、会社の数字を見ていくことです。

中でも、一番よいことは、資金繰りをすることです。

資金繰りは、毎日朝と帰りの2回チェックしなければいけません。なぜなら、日々、入金出金の事情は変わるからです。

資金繰りを行うようにすれば、おのずと数字に慣れていきます。

また、試算表をもう一度エクセルなどの表に打ち直すこともよいでしょう。

「もうアウトプットされているものを再度打ち直すなんて…」。

ばかばかしく思う方もいるかもしれません。

しかし、効率と省力を求めては、何も身につきません。手間をかけることが大切なのです。

仕訳伝票を入力することもよいでしょう。すべてではなくても、自分が打たなければいけない帳票を残しておいてもらい、自分で入力していくのです。

毎日毎日数字を見て触れていくことにより、経理財務を空気のように感じることができるのです。

「なかなか難しくてねぇ」。

言い訳は尽きないと思いますが、全国には、筆者にこういわれて、愚直なまでに真似て頑張っている人もいることを知っておいてください。

108訓

金融機関とは利害関係だ

利害関係？　やっぱり敵か！

いやいやそうではありません。

利害関係とは、皆さんの会社の取引先と同じだということです。

商品を納めてくれる会社。

原材料を持ってきてくれる会社。

このような会社とは、利害関係です。

うちが儲かると相手は損する。そんな関係のことです。

金融機関とも同じような認識が必要です。

どうも、過剰にへりくだったり、居丈高になったりして、取引先の一つとして冷静に考えられなくなっている社長が多いように感じます。

今の時代は、自社だけ得して取引先に損ばかりさせることでは長続きしません。

どうしたらお互いにWIN＝WINの関係になれるか？　そんな発想から、取引先を見ていく必要があります。

金融機関のいいなりになることはありません。

自分の会社を守るのは自分でしかありません。

かといって、常に金融機関と喧嘩腰でもうまくいきません。

冷静に、会社の一取引先と考え対応していくことが、これからの社長には求められるのです。

109訓

借入返済のための借入はしない

「こんなこと、理想だよな！」。

そんな社長さんたちの声が聞こえてきそうです。

「借入を返すために借金をしなければいけないから、大変なんだよ」。

そんな声も聞こえてきそうです。

借入返済のための借入はしない。

まさに理想と思えるかもしれません。

しかし、この悪循環をどこかで断たなければ、返済のためにまた借りなければいけなくなります。

どこかで、

「よし！　借金を減らそう！」

そう決断しなければ、多額の借入がある会社はずっと借金に経営が縛られ、借金のための経営を続けなければなりません。

まずは、借金の総額を減らせないか、を考えていきましょう。

使っていない資産や無駄な資産がないか。

資産を売却してお金に換えて借金を返済することも検討課題の一つです。

自社の出て行くお金のすべては、自社が生み出した利益で賄う。

そんな社長の決意がなければ、いつまで経っても「なんのために経営をしているんだろうか？」という情けない状況から抜け出すことはできないのです。

110訓 資金不足はB/S・P/Lで見つけろ

なぜ、お金が足りなくなるのでしょうか？

商品を仕入れたけれど、売れない。

売ったけれども、入金がない。

現金すべて使い果たして仕入代金を払った。

経費をたくさんかけすぎて利益がない。

使い道のない不動産を買った。

などなど。

実は、経営は単純で、当たり前のことをしていればお金がなくなることはありません。当たり前のことができなくなって経営は、おかしくなっていきます。

しかし、「おかしな経営」を多くの会社はしてしまうものです。

上記のような「おかしな経営」をしていても、社長は立派な理由を開陳します。

「もうすぐ売れるんだ、心配ない！」

「来月には入金があるんだ！」

「払わないと信用不安になるし・・・」

「必要な金は使わないとダメなんだよ」などなど。

「お金が足りない！」と思ったら、立派な理由を並べる前に貸借対照表と損益計算書を見るようにしましょう。売上が少ない・売掛金が多い・買掛金が多い・経費が多い・利益がない・無駄な資産が多いなど、必ずお金が足りなくなっている原因がそこに表れています。

お金のことは、すべて貸借対照表（B/S）と損益計算書（P/L）に載っています。

まずは、この二つを見ることから始めてほしいと思います。

この二つがちゃんと読めるようになって、一人前の商売人であり社長なのです。

111訓

B/SとP/Lは交互に見ろ

例えば、「お客様に商品を買っていただき60万円を小切手で頂戴し当座預金に入金した」。このような取引は、毎日のように起きています。

毎日毎日会社で発生しているこのようなことは、すべて合計残高試算表に表記されます。

試算表というものは（資産表ではありません！）、貸借対照表（B/S：バランスシート）と損益計算書（P/L：プロフィット・アンド・ロスステイトメント）から構成されています。

それでは先の商品を買ってもらい代金を小切手でもらったという取引活動はどのように試算表に表記されるのでしょうか。

買ってもらったということは、売上です。売上は、損益計算書に表記されます。

では、売った代金を小切手でもらい会社の当座預金に入金したことは、どこに表記されるでしょうか。

この場合の売上代金の入金は、当座預金に表記されますから、貸借対照表の当座預金に表記されます。

商品を売って代金を当座預金に入金したという簡単な取引ではありますが、貸借対照表と損益計算書の両方に表記されるのです。

社長の多くは、損益計算書しか見ないようです。利益が載っていてわかりやすいからでしょう。

しかし、社長は会社のお金の流れをすべて把握しなければいけません。

そのためには、会社のお金の流れがすべて載っている貸借対照表と損益計算書の両方を見る習慣をつけなければいけないのです。

経理財務に限りませんが、社長は、離れて遠くから全体を見るようにすることが必要です。

利益のところばかり見る近視眼的な経営では、間違いを見つけることができず、手遅れになってしまうと理解してほしいと思います。

112訓 会社の活動を仕訳でイメージする

社長にとって、経理財務はとても大切です。

経理財務がわからないということは、会社の羅針盤が読めないということです。それでは、船は大海をさまよってしまいます。

どうすれば、経理財務が得意になるのでしょうか。

とにかく財務の本を読みまくればよいのでしょうか。

決算書が１日で読める！　そんなセミナーに何回も行けばいいのでしょうか。

筆者は疑問です。自分の経験からも、たくさんの社長を拝見していても、そう思います。筆者自身、経理財務が胸にストンと落ちて理解できたのは、会社を継いで数年も経ってからでした。

経理財務を理解するために、まずもって知っておかなければいけないことは、「仕訳」です。仕訳の理解なくして、正確な経理財務の習得はありえないといってもよいでしょう。

この「仕訳」を知らなければ、どんなに決算書の読み方を勉強しても、スッキリなるほど！　とはならないものなのです。仕訳がわからないということは、いうなれば、家に入るのに玄関から入らないで窓から入ろうとするぐらい無理があることです。

今日タクシーに乗った。お客様から売上代金を頂戴した。帰りに接待で居酒屋に行った。そんな普通の企業活動を「仕訳」というものに、頭の中で置き換えることができるか？　ということです。

パッパッと頭に「仕訳」を頭に浮かべることができるようになれば、OKということです。

経理を仕事としていくわけではありませんから、難しい仕訳などは必要ありません。しかし、やさしいけれども基本の仕訳を知っておかないと、ずっと経理財務はわからないままです。

「そんなこと、今からやってもねぇ」などといわずに、ぜひ最初の一歩から始めてもらえればと思います。

113
訓

数字を使って会話をする

金融機関との交渉では、様々な留意点があります。

しかし、何が一番大切なのでしょうか？

金融機関との会話では、数字をテーブルの真ん中に置いて話合うということが大切です。

何も数字が書かれている資料をテーブルに置いてということではありません。

数字を中心に話合うということです。

会社の預金をきちんと正確にいうことができますか？　もちろん、金融機関別にです。預入金利もです。

借入れについて、口数（借入の一本、一本という意味）別に残高や金利を答えることができますか？　返済元金、借入金利、返済期間など、きちんと正確に一つ一つ頭に入れておく必要があります。

即座に答えなければいけません。

資料を見ながらではいけません。

皆さんが、ある会社にお金を貸していたとしましょう。その社長が、会社の預金や借入れについてあやふやな答えをしていたらどう思いますか？

「大丈夫かな？」と、思いませんか。金融機関も同じです。

信用されるということは、実はこんな小さなこと、しかし大切なことから始めることなのです。

114訓

あくなき原価削減を追求せよ

原価を叩く。これなくして、利益は決して上がりません。

商売の鉄則です。

社長と話をしていて、一番社長が抵抗する数字が「粗利率」です。

「この粗利、もうちょっと上がりませんか？　40%とか50%とか」

「二条さんはうちらの商売がわかっていないからそんな無茶言うんですよ。うちらの業界では、この粗利で精一杯。これでもまだいいほうなんですよ」。

こんな会話はしょっちゅうです。

言い訳を聞いても、筆者は何も困りません。困るのは社長です。原価を見直さないで、困るのは社長自身ですから、なんとかしてほしいといつも思います。

今の時代、売上を上げるのは容易ではありません。

売上が上がったと実感ができるのは、対策を講じて1～3年くらいかかるものです。

売上対策を進めると同時に、原価を見直し、あくなき削減をしていくことが大切なのです。

“利は元にあり”

商売の原則をあくまで貫いてほしいと思います。

115 訓

無利子のお金は借りない

お金がなくなる恐怖は体験したものでないとわからないかもしれません。

社長の根底にあるモチベーションには、倒産させまい、資金不足を招くまい。そんな気持ちがあると思います。

「倒産したらどうなる？」「お金が足りなくなったらどうなる？」、そんな恐怖心が経営を改善させていく力になっていると思います。

お金が不足してくると、まずは自分の持ち金を会社に入れます。

それもなくなると、金融機関から借入れます。

金融機関からも借りれなくなると、高利の金を借りてきます。

高利のお金を借りてくると同時に、不思議なのですが、低利というか無利子の金も借りようとします。

無利子のお金とは、友人・知人・親戚から借りるお金です。

元金も返さず踏み倒してしまうことが多いのも、この無利子のお金です。

無利子のお金は、とてもやっかいです。

これを借りると、人間関係までおかしくなって、最後は自分が孤立してしまいます。

本当に助けがほしいときに、助けてくれる人がいなくなってしまうのです。

そうなると、もう立ち直ることはできません。

日陰の人生を送るようになってしまいます。

無利子のお金は、借りやすいかもしれませんが、決して借りないようにしてください。あとで後悔するだけです。

116訓 不要不急のお金は借りるな

“言うは易し・行うは難し”。

ホントにそう思います。

筆者自身、自分の社長時代を振り返ってどうだったのか？　といいますと、情けないのですが、不要不急のお金を借りまくっていました。

銀行が、「社長、今だったらよい商品があるので、お貸しできますよ」なんていわれると、「そういわれるうちに借りておかないと、いざとなると貸してくれないからなぁ」と思って、バンバン借りまくっていました。

しかし、今思うと、猛反省です。

借りなきゃよかったと思います。

借入の金利負担は大きいものです。また内入（元金返済）も大変です。筆者は痛い目に会わないとわからないタイプなので、痛い目にあってやっとわかりました。

「銀行が貸してやるといっているうちに借りないと」と相談にいらっしゃる社長は今でも多いものです。そんなとき、こういいます。

「不要不急のお金を借りることはありません。困ったらということは、困ったとき考えましょう」。

困っていないときに、お金を借りる必要はないのです。

“言うは易し・行うは難し”。

わかっていることとは思いますが、あえて申し上げたいと思います。

117
訓

“資金繰り”の門をくぐったか

資金繰りをしていますか？

また、過去にしたことがありますか？

「してるよ」「したよ」というのであれば、安心です。

「いやまだ〜」というのであれば、必ず資金繰りは経験をしておいてください。

社長の経理財務としては、必須事項です。

資金繰りは、「これから入ってくるお金」「これから出ていくお金」を予想して、書いていくものです。難しいことはありません。

資金繰りをすると間違いなく数字に強くなります。

なぜなら、うちの会社はどこからお金をいくらもらい、どこにお金をいくら払っているのかを正確に把握しないと資金繰り表を作れないからです。入金と出金を正確に把握しなければ、正確に先々を予測できないからです。

また、資金繰り表を自分で作ると売上の達成度などにもシビアになります。なにしろ、売上の見込みと入金実績が狂えば、即資金ショート＝倒産になってしまうからです。

社長が数字にシビアになれば、社員も自ずと数字にシビアになり、社員全員が商人になることができます。

創業者が、財務諸表がよく読めなくても、数字にめっぽう強いのは、この資金繰りができるからです。

資金繰りを創業時からやっていますから（やらないと創業はできない）、数字に強くなっていくわけです。

社長にとって最も優先順位が高い経理財務の仕事が、資金繰りです。

まだの皆さん、この“資金繰り”の門は必ずくぐってください！

118訓

帳簿は休日出勤してチェックせよ

親父のときからいた経理部長が辞めてから、筆者は自分で経理をするようになりました。経理を自分でしてみて、「なるほど！」とわかることがたくさんありました。

しかし、ずっと自分でやっているわけにもいきません。少しずつ社員に任せていきました。

すべて自分でわかってしまえば、あとで他の人に任せればよいのです。社長が作業をすることはありません。

これは大切なことです。

経理財務で大切なことは理解し把握することです。わかれば、社長がずっとやることはありません。

筆者も把握した後は、事務員に任せていました。

しかし、任せきることは危険です。いわゆる、ノーチェックというものです。

信用していないわけではありませんが、何か起きないように、チェックすることは必要です。

人間、魔が差すということもあります。

筆者が継いでからわかったことがあります。

それは父の元帳チェックです。

元帳のあちらこちらに親父のサインがあるのです（汚い字でしたが）。

当時の経理部長に聞いたら、「先代が休日出勤してチェックしていた印です」といっていました。

任せて放ったらかしほど恐いことはありません。

社長が休日出勤してでもチェックすることも必要です。

悔いのないよう、チェックしてほしいと思います。

119
訓

保証人には絶対になるな

親父は、遺言らしきものはまったく残していませんでしたが、時々で様々な「教訓」を独り言のようにいっていました。

その一つが、「保証人にはなるな！」でした。

理由を聞いたことはありませんが、父の友人の社長が自殺した前後にいっていたので、それが原因なのかもしれません。

もの心ついた頃から、いわれていたので、「保証人とは恐いものなのだ！」と思っていました。

しかし、事業を継いで社長になると、借入の際に金融機関から連帯保証を要求され当たり前のように応じていました。

会社の借入はいざ知らず、友人知人の保証人になったりすると大変なことになってしまいます。

お金を貸すときは、「返ってこないと思って貸しなさい」なんていわれますが、連帯保証のときは、この人は借金は返さないだろうと思って保証人はなりません。

この人は大丈夫だろうと思うものです。

しかし、多くの場合は、本人が借金を返済しなくなり、保証人が代わりに返済するなど大変なことになってしまいます。

他人の保証人になるということは、地獄のドアをノックしたことと同じであると理解してほしいと思います。

120訓 節税オタクになるな

節税オタクとは、節税の知識がものすごくあり税金を節約することばかり考えている社長のことです。

こんな社長は、「1円でも税金を払うのはいやだ！」と思っています。なぜなら、税金＝コストと考えているからです。

税金＝コストであることは間違いありません。

しかし、コストは削るだけでなく、使うコストもあることを社長は知っておく必要があります。

コストを削ることは簡単です。1円もお金を出さなければいいのですから。

しかし、使うコストを見極めることは、簡単にはいきません。ここにカネを使おう、そうすれば利益に貢献できる。そんな見極めです。

使うコストがわかるようになれば、社長として一人前です。

経営はコストを使わなければ伸びないものなのです。

節税オタクの社長の経営は、削るだけですから、結果として経営はこじんまりとしてしまいます。

また、税金を払うことを嫌がると、何もできなくなってしまいます。なぜなら、お金を動かせば税金が必ずかかるしくみになっているからです。

税金を払うことを嫌がると、一歩も動くことはできません。

一歩も動かなければ、会社は時代から取り残され、最後は淘汰されてしまうのです。

コスト＝削るという短絡的思考だけは避けてほしいと思います。

節税オタクにだけはならないでください。

121訓

税務調査では余計なことは話すな

税務調査は、何度受けてもいやなものです。

何も悪いことをしていないのですが、すべてに対して疑ってきますので、精神的にまいってしまいます。

筆者も、社長時代に3回経験しましたが、やっぱり好きになれませんでした。

「おい、ごまかしているだろ」

そう疑っている人に対して、誠実に応対すべきなのか、疑問に思ったこともありました。

しかし、税務調査を歓迎している社長も世の中にはいます。

「あれほど、しっかり会社の経理について、監査してくれるところはない！」というのがその理由です。奇特な社長もいるものです。

税務調査の心得とはおおげさですが、こんなことを注意するとよいと筆者は教わってきました。

• 訊かれたことしか話さない。

こちらから、訊かれもしないことを話して墓穴を掘ることが多いものです。訊かれたことしか話さない。サービス精神旺盛な方こそ気をつけてほしいと思います。

• 余計なことをいわない。

余計なことをいって、言質をとられて痛くもない腹を探られることもあります。

税務調査は、いわれたこと、訊かれたことだけ対応して、あとはじっとしている。これに尽きるのではないでしょうか。

話好きな社長、世話好きな社長は、ぜひ注意してほしいと思います。

122訓

借入は利益で返済する

「当社は、どれくらいまで借入ができるのでしょうか？」

「借金は、売上の３か月分までとかいわれるのでそれでいいのですよね？」

こんなご質問をよく受けます。

借入金の返済元金は、どこから返しているのでしょうか？

借入の元金は、会社の生み出した利益から返済をしています。

正確に言えば、利益から税金を払った残りの利益金額と減価償却費の合計金額で借入の元金は返済をします。

減価償却は、損益計算書の費用のところに計上されていますが、実際はお金は１円も出ていない勘定科目です。

会社の中に残っているお金ですから、利益金額に減価償却費を足した金額で返済元金を返しているのです。

それでは、いくらまで借入ができるのでしょうか？

これは、税引後当期純利益＋減価償却費＝借入返済元金

になるまで借りられるということになります。

税引後当期純利益＋減価償却費＜借入返済元金

となると、会社の利益で返済ができていませんから、返済をするためにまた借入をしなくてはいけなくなります。

利益でちゃんと借入を返していくためには、

税引後当期純利益＋減価償却費＞借入返済元金

とならなければいけません。

皆さんの会社は、税引後当期純利益＋減価償却費＞借入返済元金となっていますか？

123訓

借入は最後の手段

なんでもかんでも借金に頼ろうと考える社長が多いものです。

銀行から借りたお金は、自分へのボーナスのように思ってしまう。そんな感覚の社長も多いものです。

お金がない！＝お金を借りよう！

今まではこれでもよかったのですが､これからも通用するのかは疑問です。

これからの社長は、借りる前にもっとやるべきことがないか、検証すべきでしょう。

- なぜお金が足りないのか？
- 借入以外に、お金を生み出す方法はないか？
- 借入以外に、調達できる方法はないか？

このようなことは、お金がなくて手形の決済ができないなど切羽詰った状況では、考えることはできません。切羽詰ったら、まともな経営判断はできないと心得てください。

冷静に資金調達方法を考えるためには、切羽詰った状態になる前の段階で、時間を作ることです。

そして、社長が資金繰りを把握することです。

社長が資金繰りを把握していれば、早期に対応することができ、また様々な対応策を選択できます。

借入は、自己資本比率を低くします。それは、不況耐性を低めることになります。

安易に借りない。そんな日頃の心構えが、大切なのです。

124訓

お金の出入りはすべて把握しろ

筆者自身、「資金繰りなんて、めんどうだし、いいや」と思っていました。

父の時代からの経理部長がいたときは、本当にすべておまかせでした。

「お金が足りません、銀行から短期で1,000万円借りていいでしょうか」

「ああ、そうしておいて」

そんな、のん気というか、放任しっぱなし社長でした。

お金が不足して困ったということは、経理部長しかわからない、当の社長は、まったく感じずということをしていました。

その経理部長が辞めて、経理のすべてを自分でやらざるを得なくなり、資金繰りもやるようになりました。

そうすると、いくら入金があって、いくら出金があって、これだけ今月足らない！　というようなことが、手に取るようにというか、自分のこととして感じることができるようになりました。

資金繰りを経験して、社長としての立ち振る舞いができるようになったと思っています。

社長には、資金繰りなんてしない、したくない、しなくていいと思う、そんな人が多すぎると思います。

それでは、いけません。

一度は体験しておいてください。

お金に対する執着が絶対に変わってきます。

会社のお金の出入りを正確に把握してこそ、一人前の社長になれると知っておいてください。

125訓

お金があっても会社はよくならない

「お金がない、お金があれば」とこぼす社長がよくいます。

お金がなくなってしまえば、経営は行き詰まって倒産するのは当たり前です。

しかし、お金があれば、経営がうまくいくかとなるとそうでもありません。

「お金があれば」と嘆く社長は、この違いがわかっていないように思えます。

お金は、経営資源の一つでしかありません。

人材や商品・サービスと同じ経営資源の一つでしかないのです。

大切なことは、

そのお金を活かすにはどうしたらいいか？

何をすれば一番リターンがあるか？

どうすれば、もっとお金が増えるか？

そのアイデア創出や実行力のほうが、社長の実務としては大切なのです。

知識だけの人が経営をしてもうまくいかないのは、ここに原因があります。

お金を活かす方法は、その社長の商才なのです。

理屈で、お金が増えるのであれば、世の中みんな金持ちの社長だらけになっています。

アイデアを生み、実行力を強くするために、社長は、見識を広め、勘が働くようにしなければいけません。

少ない元手をどうやって増やすか、脳で汗をかいてアイデアを出してください。

126訓

やり方を変えればお金は増える

経営は、元手のお金を増やしていくゲームです。

皆さんが、今1,000万円を手にして創業したとしましょう。経営とは、この元手（資本金）の1,000万円を増やしていくゲームです。

赤字というのは、この元手が減ることです。だから、赤字は1円でもいけません。

お金を増やすゲームといえば、株式投資も不動産投資も同じお金を増やすゲームです。この株式投資や不動産投資と、経営は何が違うのでしょう。

それは、経営はお金を増やすゲームですが、加えて「志」がないとうまくいかないのです。

株式投資や不動産投資は、「志」がなくてもできます。

しかし、経営は無理です。なぜなら、お金を増やすことが「目的化」すると経営は失敗モードに入ってしまうからです。

経理財務がわかると、どれだけお金が増えたか、減ったか、手に取るようにつかめます。これはゲームと同じだ、と実感することができます。

おもしろみがわかってくればしめたものです。

苦労ばかりで何もおもしろいことはないと嘆いている人は、お金が増える楽しみを知らないということでしょう。

「そんなこといっても、赤字でお金が増えるわけないだろう」とむきになる人もいるかもしれません。

厳しいことですが、お金が増えないのは、お客様に支持されていないということです。まさにゲームオーバー状態です。

「そんなのはいやだ、まだゲームを続けたい」と思うのであれば、お金を増やすために今の商売のやり方を変えなければいけません。

お金は増やしたい。でも今までのやり方でいきたい。

これは、ゲームのルールを無視していると自覚してほしいと思います。

127訓 帳簿を預けることは会社を預けること

20年前会社を継いだとき、ある社長から、経理部長についてあれこれ聞かれました。

休日どんな過ごし方をしているかとか、趣味とか、家族構成とか、聞かれましたが、よくわかりませんでした。父からの経理部長でしたし、そんなことを知ろうともしませんでした。

あいまいに答えたら、その社長さんから怒られました。

「会社の大切な帳簿を預けている人について、君はそれくらいのことしか知らないのか！　よくそんなことで社長をしているな！」。

そのときの怒号は、今でも忘れません。

皆さんの会社の帳簿は、誰がつけていますか？

家族なら、よく知っているでしょうが、他人の場合は、どこまで知っていますか？

帳簿は、経営判断の拠り所の最初の入り口です。

ここが間違っていたら、またいい加減だったら、また不正をしていたら、すべてが間違ってしまいます。

帳簿を任せる人について、社長はできるだけすべてを把握しなければいけません。

いかがですか？

もし不安な方は、これから心がけてほしいと思います。

これも、商いの基本です。

128訓

使う経費を見極める

「社長として、使う経費と削る経費の見極めができるようになったら一人前だよ」と継いだばかりの頃、ある社長にアドバイスされました。

当時は、なんのことやら、さっぱりわからずでした。

しかし、16年も社長をすると、この意味がわかってきます。

経費を削ることは、実はとても簡単なことです。

今までのしがらみや感情を考えず、出金を止める。これを断行するだけです。

求められるのは、社長の決断力だけです。

どこに経費をかけるか。使う経費を見極めることは、そんな簡単な話ではありません。

どこにお金をかければ、さらに事業が大きくなるか。

どこにお金をかければ、一番リターンが大きいか。

これを見極めることは、なかなか難しいことです。

決断力だけではできません。

社長の事業センスも必要でしょう。

そろばん勘定もできなくてはいけません。

いわば社長の総合力が問われるのです。

使う経費を見極めるためには、実は社長のビジョンが必要です。

こんな会社にしたい、そんなあるべき姿を明確にイメージできなければ、どこにお金をかけていいかわかりません。

社長は、使う経費の見極めができるようになって一人前と心得てほしいと思います。

129
訓

銀行がシビアになるのは当たり前

昔から、“晴れてるとき傘を貸して、雨のとき傘を貸さない”とはよくいわれます。

筆者も、会社を継いだ頃は、いろいろな社長からそんな話を聞きました。

「銀行は、調子がいいもんだ」

「いいなりになっちゃだめだぞ」

そんな忠告をくれる社長もたくさんいました。

しかし、そんな皆さんも、お金が足りなくなると銀行へ借金をお願いしに行きます。

「銀行はシビアだぞ」といっておきながら、自社の生み出すキャッシュで経営ができていたか？　甚だ疑問です。

銀行の姿勢というのは、今も昔も変わっているようで変わっていないようです。

業績が下向きのところには貸したくない。お金を貸して儲ける商売なら当たり前の理屈です。

銀行も変わらなければいけないのでしょうが、企業側こそ、もっと考えを改めなければいけません。

いかに、借金しないで経営をするか。

いかに、自社の生み出したお金で経営するか。

いかに、借金返済のための借金をしないようにするか。

事業拡大には、先行投資が必要な場合もあります。

しかし、まずお金をかけないで事業を展開するにはどうしたらいいか、と考える習慣をつけたいものです。

130訓

銀行と政治や景気の話をするな

銀行と話をするとき、とんちんかんな話をしていませんか？

話の導入としては、時事問題など話すこともいいのでしょうが、それで終わってはいけません。

かくいう筆者も、まだ経理財務がまったくわからない頃は、無駄話で終わっていました。

「今日は、いい天気ですねぇ」

「最近の世界情勢は変ですなぁ」。

まったく、のん気なもんです。こんなことを話していました。

これはとりもなおさず、会社の数字がわかっていなかったからです。

会社の数字をきちんと把握していないから、無駄話に終始してしまったのです。

皆さんはいかがでしょうか。どうでもよい話をしていませんか。

金融機関は、社長がどれだけ自社を把握しているかをみています。

自社のことを、正確に話せない社長は、信頼されません。

「こんな状況だ、こんな見通しだ」など、数字を変えて正確にかつ自信を持って語れるようにする。

そんな習慣をつけなければ、銀行から信用してもらうことはできないと知っておいてください。

131訓

時代に合えば必ずお金は集まる

経営がうまくいかないことを「お金がないからだ」とお金がないせいにする社長がいます。

そんな社長は、お金がたくさんあってもまた失敗します。

現に、お金がないという社長は、銀行からたくさん借りていますし、親戚からもお金を集めています。

それでも、お金を活かすことができず、無駄遣いして、またお金が要ると騒ぐのです。

商売が、世の中に必要とされていることであれば、必ずお金は集まってきます。古今東西、このルールに間違いありません。

世の中に必要とされていないのに、商売をするからお金が集まらないのです。

必要とされていないのに、売りつけることが押し売り。

必要とされていないのに、必要だといいくるめて売るのが詐欺です。

お金がないことは、無駄遣いとかもあるでしょうが、一番大きな理由は、その商売が世の中にあまり必要だと思われていないからです。

必要だと思われる商売をすることが商売人です。

お金がないと嘆く前に、プロの経営者であれば、もっとやることはたくさんあるはずなのです。

132訓

粉飾決算をすると元には戻れない

粉飾決算をしたくなる社長の気持ちは、よくわかります。

赤字の決算では、融資が受けられなくなる。手形の書換えに応じてくれなくなる。そんな恐怖から、粉飾をと考えてしまいがちです。

500万円赤字になった。今まで400万円くらいの黒字があった。

前期と同じくらいの黒字にしようと思うと、900万円の利益水増しをしないといけません。今期は、利益を水増ししてなんとかなった。

では、来期はどうでしょうか？

500万円赤字の会社だから、まずは500万円利益を出すようにがんばって収益トントン。さらに、前期の900万円の粉飾も消そうとすれば、500万円＋900万円＝1,400万円の利益を出そうと頑張らなくてはいけません。

500万円の赤字の会社が、どうして１年足らずで1,400万円の利益を出すことができるのでしょうか。

これが粉飾決算の恐さです。

いったん粉飾すると、元に戻るのはほぼ不可能といっていいでしょう。

なぜなら、粉飾決算をするということは赤字会社であるということであり、赤字会社が黒字に転換するためには、相当な時間とエネルギーが必要だからです。

利益を水増ししたい社長の気持ちもわかりますが、今の時代はオープンにしていく経営が求められていると知っておいてください。

133訓

安易に退職できる雰囲気はないか

人材不足は、中小企業の永遠のテーマです。筆者も16年間の社長生活で、いつもいつも人手不足に悩まされていました。

なぜ人手が足らなくなるかというと、適正人員数を確保できなくなるためです。常に適正な人数がいれば、別に新たに人を入れなくてもいいわけです。

ということは、常に適正な人数を確保できていない。つまり、人が辞めるということです。

せっかく入社しても、また誰かが辞めてしまうから、適正な人数が確保できなくなるわけです。

人が辞めなければ、人手不足になることはありません。

ですから、人手不足から開放されたいのであるならば、一度入社させた人を辞めさせないことが大切なのです。

「それができりゃ苦労しないよ」。

そんなぼやきも聞こえてきそうですが、この当たり前のことが、実は中小企業ではよく理解されていないように感じます。

辞めさせない社風を作る努力をしているでしょうか。

しかたがないと諦めていないでしょうか。

社員が辞めない社風は、１年や２年ではできません。

人間と同じく、組織も成熟していくためには、時間がかかるものです。

社員が辞めて辞めてしょうがない。そんな会社が、辞めない風土・文化を作るには、10年くらいはかかるでしょう。

しかし、それが経営です。

忍耐強く、自分が思い描く会社像に一歩一歩近づくことが求められるのです。

134訓

採用基準を明確に持つ

優秀な人材がほしくても、なかなか来てくれる人はいないものです。

だからというわけでもないでしょうが、慢性的に人手不足なので、体験から来る価値観が多くの社長には根付いています。

「とにかく人手が足りないんだから、採用でふるいにかけたりしたら、誰もいなくなっちゃうよ。応募のあった人から採用することは、現実しかたがないことだよ」。こんな価値観です。

選びたくても、大手企業のように選べない。これが本音だと思います。

しかし、たくさんの社長とお会いするようになると、現実に流されずに確固たる信念を持って経営をしている社長もいます。

特に、採用に関して、明確な基準を持ちその基準に満たない人は入れないことを徹底している社長の会社は、業績がよく推移しているように思えます。基準を満たした人だけ入ってくるから、社内の質も維持されるのでしょう。

こんなことを聞くと、「そりゃ無理だよ」と思われるかもしれません。

このような採用を厳しく吟味している会社も、1年や2年で実現させたわけではありません。10年くらいかけて、実現しているものです。

要は、社長の信念・理念・行動力の強さです。

採用基準を作り、満たさない人は入社させない。そんな信念と勇気が少しずつ強い会社を作っていくのだと知ってください。

135訓

採用は社長決定するな

「多様な人材を採用しなければいけません！」

これは、筆者が継いだちょうど20年前に、いろいろなセミナーで、コンサルタントの先生方がいっていた言葉です。

多様な人材を採用しないと、イエスマンばかり揃ってしまう。そんな意味でした。

「そうか、多様な人材か！」。

そう思い、人を採用してきました。自分では、多様な人材を採用してきたつもりでした。

でも、今振り返ると、疑問です。

似たような人、自分の好みの人材だけになっていたような気がします。

多くの中小企業は、社長が最終面接をします。そして、社長が気に入らないと採用されません。

筆者も、最終面接をしていました。そして、社員がよい人だと評価しても、筆者が気に入らないと採用を却下していました。

社長たちは、こういいます。

「俺が雇って給料払うんだ。俺が決めて何が悪い！」。

しかし、これが大きな落とし穴です。

社長も、1票を投じて採用を決めてください。

社長がお膳をひっくり返すことをすると、社長の好みのタイプの人材しか揃わず、経営のダイナミクスが失われます。

ぜひ気をつけてほしい点です。

136訓

“オーナーシップ”をもっているか

リーダーの条件とはなんでしょうか？

いろいろありますが、“オーナーシップ”というものがあります。

筆者が26歳のとき、アメリカ人の講師のセミナーを受けたとき、教わったものです。

そのときのセミナーは、今でも鮮明に記憶に残っています。

“オーナーシップ”とは、問題を所有する精神ということです。

何の問題？

自分の問題だけでなく、他人の問題も自分の問題として捉えることができるかということです。

自分のことばかり考えている人は、リーダーにはなれません。

「俺は自分のことで精一杯なんだ！　お前のことなんかかまっていられない」。

そんな人はリーダーではありません。

リーダーとは、自分のことだけでなく、他人のことも考えることができる人。それがリーダーです。

社員の悩みも自分の悩みとして、一緒に考えることができますか？

自分のことばかり考えている人には、人はついてこないものと知っておいてください。

137訓

社員と対立軸を作るな

どうしても社長は社員と対立しがちです。

社長は二面性を持っているともいえるでしょう。一面は、社員のことを思ってるという面。もう一面は、そうはいっても、会社が第一という面。どちらも社長の偽らざる心境だと思います。

社員は大切にしたい。しかし、会社あっての社員でもある。

どちらが先でどちらが後か？　堂々巡りのようになってしまいます。

二面を考えると、どうしても最後は社員と対立するようになってしまいますが、それではいけません。

社員＝会社という概念を持つようにする必要があります。

社員と一緒に考え、答えを見つけていく。

社員が、みんな社長のように考えてくれたら、なんて楽なことでしょう。

それを願いながら、でも、片方で情報を開示せず、社員との壁を「無意識」に作ってしまっている社長がなんと多いことでしょうか。

二面性を持っている社長は、実は社員に対して自分の優位性を保ちたいがために、「社長の俺しか、結局わかんないんだよ。社員は結局社員さ」と考えているように思えます。

あなたは無意識に、社員に対して優位に立ちたいと思ってはいませんか？

自分が偉いかどうかは自分が決めるのではなく、他人が決めることだと肝に銘じてほしいと思います。

138訓 海へのあこがれと釘の打ち方を教える

「星の王子様」を書いたフランスの作家、サンクテグジュペリの言葉で、筆者が好きなものがあります。

「船を作りたかったら、男達に釘の打ち方・木の切り方を教えるのではなく、海へのあこがれを教えなさい」。

とてもいい言葉だと思って、時々講演でも使ったりしています。

夢を語れなければ、社長の資格はありません。

どんな会社にしたいのか？　そして、それが社員に対してどんなベネフィットをもたらすのか？　お客様に対する姿勢と同じです。

しかし、夢を語るだけではいけません。

夢を語るだけで、会社のすべてを把握していない。それでは、話になりません。

釘の打ち方・木の切り方もわからなければ、社長として一人前ではないのです。

夢を語り、現場にも精通する。そんな社長を目指してほしいと思います。

筆者は、それができない社長でした。大局的には、それが原因で会社がおかしくなったと痛感しています。

筆者と同じ間違いだけはしないでください。

139訓

社長が社員のすべてを把握しろ

会社ごっこが好きな人がいます。

いろいろな部署や役職を作って、組織化を進めていきます。

人事評価も、いろいろなテーブルを作り、チェックシートを作成して、客観的かつ公正なシステムを作ろうとします。

「社員は何人ですか？」と聞くと、10人足らずだったということはよくあることです。

実は、筆者も20代の頃は、会社ごっこが好きな社長でした。

いろいろ組織をいじったりして、今考えると穴があったら入りたいくらい恥ずかしいことをしていました。

社長が努力すれば全社員を把握できるのに、しくみやシステムと称して、手抜きをしてはいけません。

筆者の経験からでは、社員数100名くらいは十分に社長１人で把握できます。

ある後継社長は、400名でも大丈夫だといいます。

社長が把握できるのに、それをしないで組織やシステムを作ったりして、「本質」から目をそらすようなことをしてはいけません。

自信を持って、社長が仕切ってください。

それが中小企業の強みです。

組織化やシステムに頼ることは、自らまだ経営に自信がないことだと理解してほしいと思います。

140訓 精神的つながりを求めるな

社長が想いを伝えることはとても大切です。

リーダーの大きな仕事の一つは、とにかく伝え続けるということです。

伝えることが億劫になったら、リーダーは辞めたほうがいいでしょう。

伝えるということは、弊害もあります。

伝えていくと、いつしか

「わかってくれるだろう」

「わかってほしい」

と思うようになってしまうのです。

社員との精神的つながりを求めすぎてはいけません。

次にくる社長のセリフは、

「どうしてわかってくれない！」

「なぜわからないんだ！」

と社員を攻撃するほうに、変質してしまいます。

社長と社員は、給料でつながっている「以上」でも「以下」でもありません。精神的なつながりを求めすぎてはいけないのです。

想いが強い社長ほど、気をつけてほしいポイントです。

141訓

退職する社員から話を聞いているか

社員の退職は、心痛むものです。

特に、想いをもって経営をしている社長ほど、裏切られたような気がして落ち込むものです。

辛いでしょうが、社長としてやっておかなければいけないことがあります。

それは、辞める社員から、会社の悪いところをいろいろ聞くということです。

辞める社員は、もう恐いものはないですから、会社の悪いところや直すべきところについていろいろ話をしてくれます。

普段は社長の耳には入らないような情報を手に入れる格好のチャンスととらえてください。

実は、一部上場のある大企業でも、これを密かに実行しているところがあります。そんな会社は、これからも堅実な経営をしていくだろうな、と思えます。

辞める社員とは、もう顔も合わせたくない。そんな本音もあると思います。

しかし、社長は会社のためになるのであれば、なんでもやるのが社長です。

勇気を持って実行してください。

必ず経営の質が上がります。

142 訓

性善説か性悪説か

社員は、黙っていてもきちんと仕事をしてくれるものでしょうか。

はたまた、元来怠け者で尻を叩かないと仕事をしないものなのでしょうか？

これは、深い命題です。

人は誰でも両面を持っています。

きちんと仕事をするときもあれば、ちょっと手抜きをしてしまうときもあります。

それが、人間だともいえるでしょう。

それでは社長として、社員をどう捉えればいいのでしょうか？

人にはこの両面があると理解し、接していくことが大切だと思います。

筆者自身、性悪説をとっていた社長でした。社長がいないときは怠けているに違いない。そんなふうに人の一面しか見えない社長でした。しかし、今は反省することしきりです。

しかし、注意していただきたいこともあります。

無条件で信用してはいけないということです。

横領したり問題を起こしたり……これも人間の一面です。

人と一緒に働くこと。

人の心は見えないゆえに、これが経営で一番難しいことなのです。

143訓

退職申出者は必ず慰留する

社員が退職を申し出てきたとき、皆さんは、どうされていますか？

そのまま何もいわず、退職願いを受理しますか？

それとも、まずは話を聞きますか？

社長であれば、社員から退職の話が出て、正直ほっとしたということもあるのではないでしょうか。

会社にとってお荷物の社員からの退職の申出があると、こんな気持ちになってしまうのも致し方ありません。

社長だって、人間ですから。

しかし、だからといって、何も話もしないで、ほうっておいていいのでしょうか。

その人に対してはそれでもいいかもしれません。

しかし、まだ在籍している他の社員はどう思うでしょうか？

「社長って、案外冷たいんだね」

「俺が辞めるときにも、あんなに冷たい仕打ちをされるのかな」

など、いろいろ考えてしまいます。

社員は、社長の一挙手一投足を、目を皿のようにしてみています。

常に注目されている存在、それが社長です。

こんな社員は辞めてもいいや、と思っていても、退職の意思を確かめ慰留をするという行動が大切です。

そんな地道な行動が、社内のカルチャーを醸成していくのだと自覚してほしいと思います。

144訓 採用では"人間性"に注視する

中小企業は、あまりに採用に無頓着のような気がします。

筆者自身、慢性的に人手不足の業界でしたから、応募があると、よく吟味することなく採用していました。

その結果、悪口をいったり、人の足を引っ張ったりするひどい人が入ってきて、社内をかき回される、いわゆる人事事故が多発してしまいました。

中小企業の多くは、中途採用です。中途採用で、重視しがちなのは、能力です。即戦力として働いてほしいから当然です。

しかし、能力はやらせてみなければわかりません。

履歴書や、面接で推し量ることは、ほぼ不可能です。

そして、能力は入社後、伸ばしてあげることが可能なものです。

採用段階では、能力よりも"人間性"に注視しなければいけません。

"人間性"は、仕事において、とても大きなウエイトを占めるものです。

能力を伸ばしてあげようと思っても、人の話を聞かない、頑固な人だったり、謙虚な姿勢がない人間性だと、能力は伸びません。

仕事をする上での大前提が、成熟した人間性を持っているか、ということです。

採用では、"人間性"がどうであるか、よく見極めてほしいと思います。

145
訓

最後に鬼になれるか

人を大切にしていくことはとても大切です。

人が経営を動かしています。

だから、社員一人一人を大切にし、やる気をもって働くことができるよう、社長は心配りをしなくてはいけません。

しかし、長年経営をしていると、どうしてもいろいろなことを整理しなければいけないときがきます。

これは、20年目でくるか、40年目でくるかわかりません。

しかし、確実にそんなときはきます。どんなに無駄がない経営をしていてもです。

そんな大手術をしなければいけないときに、冷徹になれるか。社長にはそんな器量も試されるのです。

会社を存続させるために、最後の最後は鬼になれるか。

鬼になれない社長は、会社とともに滅びると思います。

筆者は16年間の社長生活の中で、自分の力のなさから、何度もそんな場面に遭遇してしまいました。

後ろから刺されるのでは、と思ったほど、冷酷なことをしたこともあります。

最後の最後で鬼になれるか。

まさに社長の正念場です。

146訓

社員を許せる度量を持て

社員を許せず、問い詰めていませんか？

筆者は、トコトン問い詰めてしまう社長でした。

なぜできないのか？

「原因は徹底的に追及しなければいけないのだ！」、そんな強迫観念にかられて、社員を問い詰めていました。

しかし、これでは、社員はまいってしまいます。

重箱の隅をつついて穴をあけてしまうまで追及すると、やる気もなくなってしまいます。

原因追及をしないと、経営がおかしくなってしまうのではないか、何事にも甘くいい加減な文化ができてしまのではないか、そんな危機感が社長を問い詰めさせてしまいます。

問題が起こった原因を追及しなければいけない場合もあります。

物づくりなどで、なぜ不良品が出るか、などです。

しかし、この手法をすべてに用いてもうまくいきません。

ともすると「なぜだろう」と考え、それがわかるまで社員を問い詰めてしまいます。しかし、経営を改善するために必要なことは、原因を見つけるだけではないのです。

失敗をしても「次があるじゃないか」と許せる度量がないと、人を活用していくことができません。

あなたには、それができますか？

筆者は、まだまだできません。

経営これ修行といわれるゆえんです。

147訓 質を高めるにはスピードを上げろ

「仕事の質を高めるために！」、いろいろなことがいわれています。

「仕事は忙しい奴に頼め！」と昔からいわれているように、質と量は密接な関係にあります。

１訓で述べている「閾値」などは、まさに量は質を超えるということを意味しています。

なかなか仕事をこなさない。

ミスなく仕事をやり遂げることができない。

仕事の質が上がらない。

こんな悩みを持っている社長は多いと思います。

仕事の質を上げるには、まずスピードを上げることです。

今まで１週間かけていた仕事を２日で仕上げる。

１日かけていた仕事を半日で仕上げる。

１時間かけていた仕事を15分で仕上げる。

これだけで、質は格段に上がります。

時間をかければいい仕事ができるわけではありません。

よい仕事は、高い集中力から生まれるのです。

スピードを上げるということは､時間を大切にすることにほかなりません。実は、時間の大切さを理解し「イットキ」も無駄にしない、と意識している人が、仕事の質を向上させていくのです。

限りある命を認識して、今を悔いなく生きる。そんな生きる姿勢で、実は仕事の質は決まっていくのです。

148訓

外に出れば自分が変わる

この言葉は、娘の高校入学式のときに、校長先生がいわれていた言葉の一部です。なぜ、学校に来て学ぶのか？　なぜ、自宅で勉強することだけではいけなのか？　その校長先生は、たくさんの友達の中で学ぶことは、自分を知ることにつながるのだ、といわれていました。

そういわれると、筆者が５年前に中小企業診断士受験の勉強をしていた頃、学友からいろいろなことを学び、自分でも気づくことがたくさんありました。模擬試験の解答を見せ合って、「なるほど！　こう書けばいいんだな」などと他人の解答から学ぶこともたくさんありました。

心理学では「自己変革は人間関係によってもたらされる」といわれます。

自己変革とは、自らに気づいて自分が変わっていくことです。自分が主体的に変化しなければ、状況は何も変わりません。この自己変革は、様々な人間関係に触れることによって起こると心理学では考えられているのです。

社長は、会社という人間関係の中だけにいて、ふんぞり返っていてはいけないのです。自己変革が起きず、驕り・慢心・過信のかたまりとなって、いつか会社は倒産します。

会社の社員、取引先、顧客、金融機関、そんな人間関係だけで毎日終わるのではなく、外部のいろいろな組織に入り新たな人間関係に触れていくことをしてほしいと思います。

そう考えると、筆者が主催する定例勉強会やスクールにおいでになっている皆さんは、ドンドン変わっています。強い社長にドンドンなっていくのがわかります。

これは、まさに人間関係によって自己変革がもたらされる証ではないでしょうか。

ぜひ皆さんも会社や地域の中にいないで、思い切って外に出てみてください。きっと交通費・宿泊代以上の「何か」を得ることができると思います。

これが、昔から経営者の間でいわれている、“自分に投資しなさい”ということだと思います。

149訓

研修を顧客にPRしているか

「弊社は、こんな研修をしており、社員の活性化を図っております」

「このような研修プログラムを組み実施することによって、お客様にご満足いただけるように努力しております」。

こんなふうに、お客様に研修を説明し、他社との違いを伝えて、優良顧客になってもらおうと努力していますか。

また新規のお客様を増やすときに、実施している研修の説明をして、自社をよりよく知ってもらうことをしていますか。

お金も時間もかけてこんな研修をしているという企業努力を社長の考えや努力を、もっともっとお客様に説明していく必要があるのではないでしょうか。

例えば、「当社の管理職は、すべて、「財務」「マーケティング」「対人スキル」の基礎的知識を身につけさせています。ですから、お客様の求めていらっしゃることに対して、単に思いつきでお答えするのではなく、高く深い洞察のもとにご提案することができます」。

こんなトークをすれば、これだけでもお客様は興味・関心を持って話を聞いてもらえるのではないでしょうか。筆者が社長をしていたとき、こんなセールストークをする社長や営業マンには会ったことがありません。

「買ってくれ！」の一本やりでは、お客様は買ってくれないことは、皆さんもご承知です。こんな側面射撃で、お客様のハートをつかむこともよいのではないでしょうか。

人材は、どの会社も共通の課題です。

自社の研修をちょっと説明することによって、お客様から、「へぇ～それって、どんな研修なの？」なんて話になって、つながりを作れることもあるでしょう。

中小企業は、PRが下手だとよくいわれます。こんなところにも、自社を強くPRしていくポイントがあるのです。

150訓

社長はしつこい営業マンから買う

社長は、どんな人から物を買っているのか？　以前、社長の友人たちと議論したことがあります。

「おまえ、どんなやつから買ってる？」

そんな質問から始まったのでした。

「まめな人から」

「誠実な人から」

「説明がきちんとしている人から」

「信頼ができそうな人から」

「こちらのやってほしいことを先読みする人から」

「明るい人から」

など、いろいろな意見がでました。

こんな営業マンから買っている、という意見はたくさん出て、それぞれにその人の思いや理由がありました。

しかし、それぞれを絞っていくと、最後はこんな人から買っているとなりました。

それは、「しつこい人」です。

誰もあっさり引き下がる人からは買っていないのです。断っても断っても懸命にセールストークする人です。

そんな人から買っていたっけ？

しかし、今出入りしているセールスマンを思い浮かべてください。

しつこい人、多くありませんか？

ここにも自社の営業強化のヒントがあるように思います。

151訓

経営の基礎知識を身につける

知識がないと知恵は出ません。

知識を蓄えることは、社長にとって大切なことです。

昔、勉強したから大丈夫というわけではありません。

普遍的な知識もありますが、多くは時代時代に合わせて、変化をしていきます。

知識の使い方はやはり時代に合わせて変えなければいけません。

常に新しい知識を集めて吸収していく努力が大切です。

しかし、後継者に限っていえば、次から次へと新しい知識の習得に努めているだけで、まったく身になっていない人が多いように思います。

後継者は、どうしても、先取不安に駆られて、あせってしまい、よく考えもせず新しいものに手を出してしまうようです。

気をつけてほしいのは、新しい知識の習得は大切ですが、もっと大切なことがあるということです。

それは、基礎となる知識が必要であることです。基礎がきちんとできていなければ、最新の建物を建ててもすぐに倒れてしまいます。

現代の後継者に求められることは、ベーシックで普遍的な知識の習得と知っておいてください。

152訓

正しい答えはもらえない

セミナーや講演に、正しい答えを探して出席する社長がいます。

そんな社長は、「これじゃない」「これも違う」「う～～ん、やっぱり違う」と、どんなセミナー・講演に出席しても、満足しません。

このような社長に、満足する日は永遠にこないでしょう。

なぜなら、セミナー・講演で、正しい答えなど手にすることはできないからです。

「そんなことはないよ。このセミナーに出れば、必ず儲かるっていっているよ」。

必ず儲かる正解を提供できるわけがありません。

正しい答えは、社長自ら編み出さなければいけないのです。

しかし、そんなことをコンサルタントがいったら、話になりません。

ですから、一般的でどの社長にもあてはまるようなことをいうのです。

セミナー・講演は、正しい答えではなく、こんな答えもあるのだ、あんな答えもあるのだ、とアイデアの切り口を知ることです。

そして、正解を導く雛形を知って、その雛形に沿って、正解を導き出す方法を知ることです。

雛形を知ることは、とても大切です。

雛形を知れば、漏れがなくなり、思いつきから脱却することができます。

正解を求めて、セミナー・講演をさまよわないようにしてほしいと思います。

153訓

指示を出さずに常識で考えさせる

筆者の経営のバイブルがあります。

「セムラーイズム」

今から、10年以上前に出された本です。全米では、ベストセラーになりましたが、日本ではそこまでは売れなかったように記憶しています。（新潮社から出版されていますが、残念ながら廃刊になっています）

ブラジルの二代目社長、リカルド・セムラー氏が書いた本です。

まさに目から鱗が落ち、感動したことを今でも鮮明に覚えています。その中に、常識を活用するというくだりがあります。

社員の皆さんも立派な大人です。家に帰れば、父であったり、母であったりします。皆さん、一人前の常識を持っています。

しかし、仕事をしているときはその人たちの常識を信じず、上から指示命令をしてしまいがちです。

指示命令をしないで、社員の常識に判断を委ねてはどうでしょうか？

大変なことになるでしょうか？

会社は潰れてしまうでしょうか？

「そんなことはない。逆に会社の業績を伸びるのだ」とセムラー氏は喝破しています。

常識で考えさせれば、社員は社長が思っている以上に働くようになるものです。

必要なことは、それを実行できる社長の勇気と社員を信じる心です。

154訓

宝を見つける手間を惜しむな

会社にとって、社員は財産とはよくいわれることです。「人財」という言葉が使われて、もう何年が経つでしょうか。

会社をダメにしてしまう社長に限って、社員の悪口をいう人が多いものです。筆者のところにも、もうダメだという社長が相談に来ますが、経営がうまくいかないことを社員のせいにする人がたくさんいます。

どうも社員の悪口をいう社長は、自分は一番物知りで社員は無知と勘違いをしている人が多いようです。

人には得手不得手があります。社長だってあるはずです。すべて完璧にできる人などいません。

社員も同じです。得手不得手があります。それが個性です。

その個性のいい部分にスポットライトを当てることができるか？

これが社長の仕事です。

その社員の埋もれた才能を引き出すことができるか。金脈を掘り当てることと同じです。

しかし、これがなかなかできないものです。どうしても、人の欠点ばかり見て、「どうだ俺のほうがすごいんだぞ！」と思ってしまい勝ちです。

人の得手や長所を見ることができる、ということは、社長の持っていなければいけない素質の一つではないでしょうか。

社員の隠れている“宝”を見つけてあげる。

社長は、そんな手間を惜しんではいけないものです。

あなたは、社員全員の“宝”をもう見つけましたか？

155 訓

社員に対して責任を果す

企業の社会的責任が叫ばれる時代となりました。
自分勝手な売り手の論理だけで経営をしてはいけないということです。
昔から日本人は、社会的責任を感じて商いをしていたように感じます。
「売り手よし、買い手よし、世間よし」と近江商人がいわれたように、世間の目を意識して、お天道様の下を歩けないようなことはしないようにと商人は心がけていたものでした。

社会的責任とは、株主や消費者、公衆など会社の外部の人たちを意識して経営をすることのように捉えがちですが、本当にそれだけでよいのでしょうか。
外部の人たちへの責任を果たす前に社内の人たちへの責任を果たすことが必要ではないでしょうか。
会社の内部の人たちへの責任さえ果たせない会社が、外部に対して責任を果たせるとはとても思えません。
外面だけよくて、内弁慶。そんな会社が、業績が伸びていくわけがありません。

内と外の顔を使い分けてはいけません。裏表があってはいけません。
まずは社員に対して、きちんと責任をとる。
そんな足元から、経営をしっかりとみていく必要があるのです。

156 訓

次の手を考えているか

自分の予測どおりにいくことは、稀といってよいでしょう。
経営計画どおりには、なかなかいかないものです。
誰も失敗をしようと思って経営をしていく人はいません。
「必ず成功する！」と信じて疑わず邁進するものです。
しかし、うまくいくことのほうが少ないのが現実です。
人は未来を予知することはできません。人知及ばずが未来だからです。

「うまくいく！」と盲信し進んでいくことは、失敗の落とし穴に入ってしまうことになります。
「うまくいくはずがない。だから、うまくいかないときは、これを二の矢三の矢で実行していこう」。
こんなふうに考えたほうが現実的ですし、大きな失敗をする可能性は低くなります。

「そんなことをいっていたら、二条さん、うまくいくものもダメになってしまいますよ」。
ご意見もっともです。
「失敗するんだ！」と信じていれば、失敗してしまうでしょう。
なぜなら、人は自分が信じることを実現するように行動してしまうからです。
求められることは、バランスです。

経営は心理学といわれるゆえんです。
バランスという心の管理が経営者には求められるのです。

157
訓

冷静な第三者の意見を聞け

詐欺はいつの時代にもあったのでしょうが、最近では、特に巧妙かつ悪質になってきているように感じます。

騙されることは、詐欺だけではありません。

通常のビジネス取引でもよくあることです。先方は悪意はないにしても、こちらが期待するレベルに達せずその後の対応もおざなりで、「騙された！」—そんな印象を持つことはよくあることです。

このような経営上の失敗をしないためには、どうすればいいでしょうか。自分ひとりでじっくり検討すればいいでしょうか。将棋や囲碁のように熟考し次の一手を考えればよいでしょうか。

あとで後悔しないために必要なことは、自分１人で考えずにいろいろな人に意見を聞いてみるということです。第三者は、冷静にアドバイスをしてくれます。

また、第三者の意見をネガティブに聞いてはいけません。心に置きとめることが大切です。自分と反対意見であっても「事情を知らないからそんなことをいうんだ」と拒否しては意味がありません。どんな厳しい意見でも受け止め、その視点から自らの考えを検討してみることです。

それでも自分なりにOKであれば、よいでしょう。

最初から他人の意見を門前払いしてはいけないということです。

意見を聞くことは面倒なことです。

時間もエネルギーもかかります。お金がかかる場合もあります。

しかし、この手間を惜しんだか否かで結果が大きく違ってくると思います。

158
訓

事件・事故のときこそ陣頭指揮だ

事件・事故が起きてしまったら、どうしますか？

頭では、「こうしてああして」と対応の仕方がわかっていても、いざ実際に起きてみると、混乱しパニックになってしまうことがあります。

事件・事故のときは、まずは冷静になる。これに尽きるでしょう。

あとは経験です。

経験を積めば、慌てることもなくなるのです。

問題なのは、事件・事故の対応をいい加減にすませてしまうことです。

社員に任せて自分が表に出て行かなかったり、波風立つことを恐れて必罰の精神を忘れてしまってはいけません。

社長がいい加減な対応をすれば、社員は必ずこう思います。

「な〜んだ、こんな悪いことをしても、うちの会社は許されちゃうんだ〜」。

また、社長の不甲斐ない対応に納得がいかない社員は、辞めてしまいます。

結果、残る社員は、どうしようもない者ばかりとなってしまうのです。

事なかれで逃げてはいけません。

事件・事故のときこそ、社長が陣頭指揮をとって最後まで処理してほしいと思います。

159 訓

リスクを見落とすな

人は、誰でも、「もっと儲けたい！　稼ぎたい」と思うものです。

しかし、その思いが、大きな間違いを起こしてしまう危険も知っておいてください。

人間の心理として、期待が高まれば高まるほどリスクを見落とす、というものがあります。

こうすればもっと儲かる、もっと利益が上がる。

そう思うと、これから発生するリスクや障害を見なくなってしまうのです。

瀬戸際に追い込まれたときなども同じです。

ここでなんとかしなければ、いけない。

もうあとがない。

「一発逆転で、挽回だ！」。

そう思っても、実際はなかなか結果を出すことはできません。

追い込まれるとリスクを見落とすという心理があり、悪い予兆を見抜けず失敗を招いてしまうからなのです。

夢を大きく持たなければ、実現することはできません。

しかし、実際の行動は、小さなことを一つ一つクリアにしていく。

そんな地道な作業と根気が求められるのです。

期待が高まれば高まるほどリスクに甘くなる。

ぜひ気をつけてほしいと思います。

160訓

今日のよい人は明日の悪い人

採用面接をしたとき、「おお！　なかなかいい人だ」と思って採用をします。

しかし、その人がずっといい人かどうか、保証の限りではありません。

人を取り巻く環境は、様々に変化をしていきます。

例えば、独身で入社した人も、結婚をして子供が生まれ、親が倒れて介護して、となると、必要なお金もドンドン増えていきます。

環境が変化し必要なお金の量が変わると、人も変わるものです。

あんないい人が、と思う人が横領をしてしまうというのが、実は世の常です。

よい評価をした人も、明日はどうなるかわからない。

常に、ニュートラルで冷静な目で、人物を評価していくことが社長には求められます。

常に疑え、ということではありません。

最初の印象をずっと持ち続けて、「盲信」してはいけないということです。

いつも白紙の状態で人と接してください。

今日のよい人が明日の悪い人となる恐さを肝に銘じてほしいと思います。

161
訓

隠し事はいずれ爆発する

知られると恥ずかしいこと、みっともないことは、どうしても隠してしまいがちです。

しかし、そんな隠し事を持ったまま、よからぬ人にそれが知られてしまうと、脅かされたりゆすられたりしてしまいます。

いつの時代もこんな詐欺商法があります。

「おまえの秘密は握った。ばらされたくなければ、下記の口座に30万円振り込め」。

こんな手紙を送りつけるのです。

「うっ！　まずい」と思って、振り込んでしまう人があとを絶ちません。

手紙をもらった人には、こんなアドバイスをしています。

「何もなければ、そんな手紙は捨ててください。しかし、心当たりがあるなら、すぐに弁護士に相談したほうがよいでしょう。隠しておきたい秘事などなければ、気にすることはありません」。

よからぬ人たちのビジネスモデルは、ばらされたくないこと・隠したいことをお金に換えるものです。

ばらされたくないこと・隠したいことがなければ、何も問題ありません。

経営者にとって大切なことは、そんな付け入られる隙を作らないことです。

会社経営は、どんなところから崩れるかわからないものだと肝に銘じておいてください。

162 訓

信用しても過信するな

人を信頼をすることは大切です。
信頼関係なくして、よい仕事をすることはできません。
信用することももちろん大切です。
相手を信用しなければ、商いは前に進みません。

いけないことは、過信してしまうことです。
信用しすぎて、失敗した社長は数知れずです。
「騙された！」くらいなら、まだよいほうかもしれません。
会社を乗っ取られ、会社を潰され、借金を背負わされる。
そんな結末を迎えた社長は、たくさんいます。
皆、無条件に過信してしまったツケです。

悪いことをした人が、もちろんいけないのですが、無条件に過信しきった社長にも問題はあります。
社長たるもの、自分で自分の身を守らなければいけないのです。人と仕事をすることは、リスクと一緒に働くことと同義語です。
無条件に過信しない。
ぜひ心がけてほしいと思います。

163訓

印鑑一つで地獄に落ちる

印鑑を押すときは、慎重を期さなければいけません。

筆者は、この押印で何度も失敗をしました。

筆者のように失敗しないためには、どんなときでも、印鑑を押すときは、よく考えて考えて、また考えて、さらに考えて、押すようにしなければいけません。

たった一つの押印が、会社の運命を左右する。そんな恐いものが印鑑なのです。

三文判は、目印が削ってあって、どこが上だかわかります。

会社の実印には、三文判のように、どこが上だかわかるような目印がありません。

どこが上だかわかりませんから、印面をよく見なければいけません。

この印面を見るわずかな時間。

このわずかな時間で、本当にこの書類に印鑑を押していいのかどうかを考える。

そんな最後の時間を与えるために、実印には目印がないのです。

ポンポン何も考えずに印鑑を押してはいけません。

印鑑一つで、あなたの人生が変わってしまうこともあるのです。

筆者のような間違いをしないよう、気をつけてください。

164訓

印鑑を預けることは命を預けること

印鑑は、絶対に社長が持たなくてはいけません。

筆者が社長になったとき、いろいろな社長からアドバイスを受けました。

「決して印鑑を他人に預けてはいけない」。

最初は、そんなものかなと思っていましたが、印鑑を預けていて痛い目にあった社長を見たりして、なるほどこりゃ大変なことになるとわかったものでした。

日本の社会は、印鑑社会といってもよいでしょう。

印鑑があれば、本人でなくてもいろいろなことができてしまいます。

小切手や手形を乱発することもできますし、会社を乗っ取ってしまうこともできてしまいます。

印鑑を押すときは、どんなときでしょうか。

日本では印鑑を押すときは、自分が不利になるときに押すようになっています。これがルールなのです。

銀行からお金をおろすとき、契約するときなど、すべて自分が不利になるときに押印するのです。

自分が不利になるときに押す印鑑を、なぜ他人に預けるのでしょうか？

とても尋常なこととは思えません。

印鑑は社長が持つ。

この原則を貫いてください。

「そんなこと、大丈夫だよ」と一笑に付す方は、それでもいいでしょう。

しかし、痛い目に遭うのは自分自身であると自覚しておいてください。

165訓

共同経営の決め事は文書化する

筆者もかつて共同経営を経験したことがあります。

友人が代表取締役になって筆者が大株主になって会社経営をしました。

共同経営でありがちなパターンで、いつしか２人の関係はぎくしゃくし、喧嘩別れとなってしまいました。

うまくいかないときは、力を合わせてがんばろう！　というのでいいのですが、うまくいき始めると、利益配分や権限範囲でもめることとなります。

共同経営とは、今も昔も難しいものなのです。

なぜでしょうか？

いろいろ原因はあるのですが、揉め事が起きる一番大きな原因は、「言った、言わない」です。

「利益が1,000万円超えたら役員賞与を出すということだった」、

「そんなことは決めていない」など、よくあることです。

「言った、言わない」を防ぐには、最初から決め事を文書化しておくしかありません。

仲のいい間柄だから、そんな他人行儀なことをしなくてもいいじゃないか。そんな甘さが、揉め事を生んでしまうのです。

共同経営は難しいものです。権限をはっきりさせて始めてください。そして決め事は必ず文書にしてください。

人のいい社長には、ぜひ気をつけてほしい点です。

166訓

常にこれでいいのだろうかと考える

経営は、危機意識から次へ行こうとする推進力が生まれます。
「これでいいじゃん！」
「まあ、こんなところでいいか！」
これでは、経営がよくなるわけがありません。
社長の満足するレベルで、経営は止まるものだと思ってください。

「このままじゃまずいぞ！」
「大変なことになってしまう！」
「なんとかしなくては！」
そんな危機意識が、経営を劇的に変えていきます。

大切なポイントは、「常に」危機意識を持つということです。
起きているときも、寝ているときも。
テレビを見ているときも、食事をしているときも。
友人と話をしているときも、トイレにいるときも。
「常に」です。

「常に」考えることで、見えないものが見えてきます。気がつかないことに気づいてきます。
常軌を逸するほど、「常に」考える。狂人と思われるほど、「常に」考える。
これを実行した人だけが、次のステージに進めると思っています。

167訓

倒産の芽は夜遊びから生まれる

人生を誤ってしまうような足を踏み外すきっかけの多くは、夜に起こります。

女性問題、浪費癖、投資話は、昔から社長が失敗する三大原因といわれているものです。

きれいな女性に言い寄られて、人生を間違ってしまった人は数知れません。社長も同じです。会社の金をドンドンつぎ込んで、最後は破産です。今でも、こんな話はよくあります。

ジャブジャブお酒を飲んで、ジャブジャブお金を使う。金払いのいい社長に限って、経営がおかしくなる。そんな法則に気づいているのは筆者だけではないと思います。

金払いがいいのは、見栄っ張りで人から嫌われることを極端に恐れている。そんな心理もあるのかもしれません。

「いい投資話があるんだ。5倍にして返すよ」。

「俺の友人が、金がなくて困っているんだ。才能ある奴だから倍にして返してくれるぞ」。

こんな話が、夜のネオン街ではゴロゴロ出てきます。

そんないい話などあるわけがないのに、引っかかる人があとを断ちません。

後継者は、夜遊びが好きな人が多いようです。「気をつけてほしい！」といつも祈っています。

ある社長さんは、夜遊びは一切しません。理由を聞いてみたことがあります。

「僕は、実は誘惑には弱いのです。誘惑が多いところに行くと絶対引っかかってしまう。そんな自分の弱さをよくわかっている。だから、僕は夜遊びはしないのです。二条君、会社が潰れる芽は、実は夜遊びから生まれるんだよ」その社長は、そう語りました。

それ以来、筆者も注意するようにしています。

168訓

会社が潰れたら社長は即無給

ご存知とおり、社長には失業保険がありません。

ですから、会社が潰れてなくなると、即、無収入になってしまいます。

これは、大変なリスクです。

養う家族を抱えていれば、冗談でなく一家離散になってしまいます。

会社を潰した社長は、就職もできません。

「私、会社を潰しました」。

皆さんは、こんな経歴の人を雇いますか？

まだまだ日本は、会社を潰した人＝欠陥人間という文化が強くあるものです。

筆者は､会社を潰して即無給になるということを身を持って体験しました。

社長は連帯保証をしていますから、自宅からなにからすべて失ってしまいます。

だから、住むところも新たに探さなくてはいけません。

しかし、職がなければ、賃貸住宅だって借りられません。

会社の代表者として経営にあたるということは、

「皆さんが思っている以上にハイリスクなこと」なのです。

ですから、万が一に備えて個人の財産もきちんと持っておかなくてはいけません。

すべて失っては、再起することもできないのです。

人のいい社長こそ、しっかりと自分のことを考え財産を蓄えてほしいと思います。

169
訓

マスコミにはあまり出るな

社長が、マスコミに出るとどうしても大きなことをいってしまい勝ちです。
「どんな会社にしたいと思っていますか？　社長の夢は？　5年後10年後はどんな会社にしたいですか？」
などと記者から聞かれると、
「そうだなぁ、5年後には今の年商の3倍にしたいな！　10年後ですか、やっぱり上場を目指しますよ！　会社経営の最終目標ですから」、
などと答えてしまいます。

将来の夢を聞かれると、人は自然と大風呂敷を敷いてしまいます。
どうしても、大きなことをいわないとまずいんじゃないか、と思ってしまいます。
しかし、いけないのはそういった後です。
人は、一度口にしたことを無意識に実行するようになります。
無意識にです。
年商を3倍にしようとか　上場を10年以内に果たそうと無意識に行動してしまうのです。
身の丈に合っているかなどを検証することもなく、「目標達成を！」と闇雲に頑張ってしまい、結果失敗をしてしまいます。

社長は、マスコミにはあまり出てはいけません。
よほど、自分をコントロールすることができる人でないと、この罠にはまってしまいます。
「取材が来た！」といい気にならないで、自重することをお勧めします。

170 訓

危険なところに行くな

以前、筆者が合気道を習っていたとき、師範に聞きしました。

「自分の身を守るにはどうしたらいいでしょうか？」。

師範はいいました。

「二条さん、それはね、危険なところに行かないことですよ」。

何か禅問答のようですが、真理をついていると思います。

危険なところに自ら行くから、危険な目に会うのです。自ら進んで行かなければ、よいのです。

社長は、遊びも大好きです。筆者も、かつてはそうでした。

お酒をジャブジャブ飲んで、朝まで歌って、よく遊んでいました。

しかし、そんなところには危険もたくさんあります。

社長を困らせる怪しげな話は、明るい真昼間に行われることはまずありません。暗くて、アルコールが供されるところです。

そんなところに、無防備な社長がいけば、格好の餌食になってしまいます。

またそんな社長に限って、「おれは○○会社の社長でたくさんお金があるんだよ～」なんていってしまったりします。

経営者はできるだけリスクを少なく毎日を過ごす「義務」があります。

危険はところには、自ら行かない。

そんな心構えが、隙を作らずしっかりとした経営を作り上げるのだと思います。

171訓

広く浅く法律を知る

ご存知のとおり、日本は法治国家です。法律で、いろいろなことが決められ動いています。意識している・していないに関わらずです。

会社も商法を元に成立をしています。皆さんは、会社が成立している法的根拠を知らずして、経営をしていないでしょうか。

今から15年前ほど、会社の名義株を持っている親族が会社に乗り込んでくるという事件がありました。それを阻止するために必死になって商法を勉強し対抗策をとったことがあります。もめにもめて、最後は裁判にもなりましたが、貴重な経験でした。

それがなければ、「株主総会って？」「取締役会って？」という社長になっていたと思います。

法律を知らなくても経営はできます。

しかし、そこが落とし穴です。法律を知らないと、「いざ有事！」になったとき、対応ができません。ですから、企業を取り巻く法律は、広く浅く知ることが大切です。

広く浅く知っていれば、何かありそうな、まだ問題が芽の段階で、
「あれ、これってまずいんじゃないかな？　弁護士（弁理士・税理士・社労士など）に相談してみよう」、
と「気づく」わけです。

社長としては、気づくだけでOKです。あとは専門家の見解を求めればよいのです。

この「気づき」がなかったら、いけない方向に会社が進んでいてもわからず、気づいたときには大きな問題に発展してしまっていた、ということになってしまいます。

広く浅く法律の知識の習得に努めてほしいと思います。

172訓

自己破産は犯罪ではない

「会社を潰すなんて、犯罪だ！」という社長がいます。そんな社長は、人の痛みがわからない、かわいそうな人だと思います。
そして、驕りの塊のような気もします。
自分は、絶対に潰さない。そんな驕りと過信があるから、そんなことをいうのだと思います。

自分は、絶対に潰さない。
経営に絶対ということがあるのでしょうか。
そんなふうに思う社長は、自分の実力を過信し、自分の実力に溺れています。

「会社を潰すことは犯罪だ！」と自分で勝手に思い込み、街金融から借りまくって、最後は自殺してしまう社長もたくさんいます。

経営は、ハイリスク・ハイリターンのゲームです。
誰でも成功するチャンスが約束されていると同時に、失敗する可能性も持っています。
失敗した人の話に謙虚に耳を傾け、万が一のときの自分に思いをはせる、そんな感性が社長には必要なのです。

自己破産は、犯罪ではありません。
だからといって、自己破産をして平気な顔をしていては困ります。
謙虚に自分を反省することが大切です。
そして、周囲がなんといおうと、自分の人生を再起させることに向かってほしいと思います。

周囲はいろいろなことをいいます。
しかし、あなたを救ってくれる人は誰一人いないでしょう。
そう、結局、みんな評論家なのです。

どんなときも、頼れるのは自分だけです。
そんな極限での心構えを持っていれば、失敗することなく経営を続けることができると思います。

173訓

歳相応の経験をしているか

誰でも、「よい人たちと付き合いたい！」と願うものです。

しかし、誰でも、よい人たちと付き合うことはできません。

「そりゃ運だよ！」、そんな一言で済ませてしまうことが日常化しているようにも思いますが、よい人たちと出会い付き合う根本が忘れられているように感じます。

よい人と付き合うためには、自分がよい人間にならなければいけません。

なぜなら、人は自分に似た人を好きになるからです。よい人は、人間的に成熟した人に好意を持つものです。

それでは、成熟するためにはどうすればいいのでしょうか。

人は、経験により熟成されていきます。

年齢相応の経験をしていないと、相手にされなくなってしまいます。

「あなた、その歳で、そんな常識もないの？？」。

20代の若さであれば、こんなことはいわれません。

しかし、30も半ばを過ぎてくると、そうは行きません。

年齢に応じた経験と、常識・知識を持っていないと、よい人たちから相手にされなくなってしまいます。

毎日を漫然と過ごすのではなく、年齢に相応した経験をしていくよう、心がけてほしいものです。

174訓

専門家を活かすのは社長の腕一つ

様々な分野で活躍している専門家と話をすることについて、否定的な社長が多いようです。

「専門家の話は、現場に活かせないからダメだ」

「中小企業には、しょせん無理だ」

「知っていることが多くて、ためにならん」。

そんなことをいっている社長が多いようです。

筆者もそんな社長の一人でしたから、偉そうなことはいえませんが。

専門家と話をするメリットは、その道の最新事例に触れることができることです。

専門家は、皆さんが一生懸命仕事をしている間に、せっせと研究しフィールドワークしています。

皆さんが忙しいので、代わりに勉強をしてくれている、といったほうがわかりやすいかもしれません。

専門家と話をすることは、有意義なものです。それを有意義と感じないのは、聞き手の引出し方です。

最初から、拒絶をしていれば、何も学ぶことはできません。

何か自分に役立つことが引き出せないか？

そんな視点から、質問をしたりして、引き出していきます。

専門家ですから、引出し方がうまければ、ドンドンたくさんの知識や知恵が出てきます。

専門家を活かすも殺すも、社長次第。社員と同じことがいえるようです。

175訓 伴走者がいないと進歩しない

マラソンランナーは、なぜペースメーカーを併走させるのでしょうか。

プロ選手は、なぜ高額なトレーナーを雇いトレーニングをするのでしょうか。

社長にとって外部ブレーンは、スポーツのトレーナーのようなものです。ボクシングのセコンドのようなものです。

人は一人でやっているとどうしてもこのあたりでいいだろう、という甘えが出てきてしまいます。そんな甘えをトレーナーは許しません。

「このメニューをこなさなければいけない」と叱咤激励をしてくれます。

人は一人でいると、自分の位置＝ポジションを見失いがちです。

トレーナーは、そんな自分の位置を正確に教えてくれます。まだこのあたり。もうここまできた。そんな位置を客観的に示してくれます。

人は一人でいると情報が不足してきます。

トレーナーは、そんなときに、外に出て最新情報を集めてきてくれます。一人でいたら、およそ手に入らなかったであろうたくさんの情報を与えてくれます。

社長にとっての外部ブレーンは、まさにトレーナーです。

励ましを与え、今の位置を教えてくれ、最新情報を提供してくれます。

外部ブレーンを伴った社長の経営と外部ブレーンを馬鹿にして付き合わない社長の経営とでは、すでに勝負はついています。

伴走者がいないと、何事も進歩しないものだと知っておいてほしいと思います。

176訓

外部ブレーンに答えを求めるな

外部ブレーンに答えを求めてはいけません。

外部ブレーンは、あくまで情報提供者であり助言やヒントを与えてくれる者です。

自分の経営にピタッとくる正解は、社長自らが自分で考えなければいけません。

大手企業の外部ブレーンの使い方は、中小企業では異なります。

大手企業は、外部ブレーンを水戸黄門の印籠のように使います。

すなわち、専門集団のコンサルタント会社がこのような結論なので、致し方ありません。そんな発言を経営陣がするために、外部ブレーンをうまく使います。

中小企業では､外部ブレーンを大企業のように印籠として使うのではなく、アドバイスを与えてくれるものとして利用していく心構えが大切です。

しかし、中小企業では、社長が印籠を使わなければ社員を納得させられないとしたら、大問題です。

解決のヒントやネタは現場にあります。

現場を一番知っているのは誰でしょうか。少なくとも外部ブレーンではありません。

解決策は社長自ら考える。そのためのヒントや助言は、貪欲に外部ブレーンに求める。そんな姿勢が大切です。

外部ブレーンに聞いてばかりで、期待した答えが返ってこないと「あの先生はダメだ」という社長には、決してならないでほしいと思います。

177
訓

行動して宝の人脈を築こう

「人脈を築くためには、どうすればいいでしょうか？」という質問をよく受けます。

人脈づくりのためのセミナーなどもありますし、人脈づくりを標榜した異業種交流会などもあります。

よい人と出会うためにはどうすればいいのでしょうか。

それは、とにかく数多くの人と出会うしかありません。

「私は、年に10人の人としか会いません」。

まあ、こんな極端な人もいないでしょうが、仮にこんな人がいたとして、よい人と出会うことができるでしょうか？

当然、無理です。

よい人と出会うのは、確率です。

たくさんの人と出会えば、よい人と出会う確率もあがるのです。

出会いは、行動しなければ、できません。行動する人だけに、よい出会いがあるのです。

たくさんの人と会って、出会いを増やしましょう。

名刺はいつも箱で持ちましょう。

とにかく名刺を配りまくる。

その積み重ねで、よい人とめぐり合うことができるのです。

とにかく行動して、宝の人脈を築いてください。

178訓 地獄を見た社長をブレーンにする

何も、筆者の宣伝をしているわけではありません。23歳で会社を継いだとき、ある社長からいわれました。

「社長は10年しないとだめだ。10年以上社長をやれば一人前だ」。

ある上場会社の社長は、こう言っています。

「社長は、10億損しなければいけない。それだけ失敗を重ねなければ一人前になれない」。

経営は、経験が必要なのです。筆者は経験主義者ではありませんが、あえてそう言いたいと思います。

ということは、様々な経験をしている社長ほど役に立つアドバイスをしてくれるはずです。

特に、地獄を見たことがある社長は、リアリティある実践的なアドバイスができるものです。

ただし、失敗を心に刻んでいる社長でなければいけません。失敗をしてもそれを認めず、利己主義な社長はだめです。

自分より多くの経験をしている人から学ぶことは、とても大切なことだと知っておいてください。

179訓

愚痴る友人は百害あって一利なし

「会社が悪いんだ！」
「上司がダメなんだ！」
そんなふうに、愚痴る人は、いつの世にもいるものです。

そんな友人と一緒に飲んだりしていても、一つもいいことがありません。他人の責任にばかりする人たちは、結局、他人任せで自分でなにかをやる勇気がないのです。

他人の責任にばかりしていることを依存的といいます。
自分は悪くない。周りがいけないのだ。問題を自分のこととして捉えず、他人に解決を任せていることは、依存的な働き方です。
自分に何かできることがないかな、と主体的には思えない人たちです。

人のせいにすれば、自分は楽です。
自己正当化し、被害者意識にのめりこめば、楽にはなります。
しかし、自分の進歩はありません。
そして、生きることも楽しくなくなってしまいます。

社長という立場は、人のせいにできません。
天に唾するようなもので、すべて自分に降りかかってきます。
最後は「自分がやらなければ！」と自らを奮い立たせて、進むしかありません。

自分でやらねば、と主体的に考えなければいけない立場の人が、他人のせいにしてOK！　という人たちと付き合ってはいけません。
いつの間にか、自分も他人の責任にしてしまう人間になってしまいます。

社長は、付き合う友人も、よく見極めてください。
友人は、あなたの宝にもなりますし、破滅への案内人にもなるのです。

180訓

人脈に流されない

社長という立場になると、出会いも多くなります。

名刺交換する数も増え、ドンドンと人脈も広がってくるものです。

そんな出会いから、改めて会ったり、何かあったら相談してよ、といわれて訪ねたりということもあるかと思います。

出会いを繰り返すなかで一生の友人ができることもあるものです。

後継者の方は、親父さんの人脈からも、声をかけられたりすることもあります。

「いつでも、来いよ」、そんなふうにいわれて、お邪魔することもあります。

筆者も、何度そんなことがあったでしょう。

困っていて相談すると、親身になってくれそうな人もたくさんいます。

しかし、実際に相談してみるとどうでしょうか。

相談はしたけれど、実はなかなか進まない。親身になってくれそうだったけど、手に負えないとわかるとすっといなくなる。

人脈に振り回されて、何も得ることがなかったという経験は何度もありました。

人脈に流されず、自分のブレーンを冷静に見極めてほしいと思います。

181訓 最後に歩くのは自分自身

レコード会社でサラリーマンをしていた頃は、わからないことがあれば、いろいろ課長に聞いていました。サラリーマン１年生でしたから、わからないことだらけでした。

あるとき、課長が爆発しました。

「なんでも聞くな！　自分で考えろ！」。

小売店からの注文処理の手順を聞いていたので、聞くなといわれ、本当に困りました。先輩社員に聞いてやっと手順がわかったのですが、そのときはなんてひどい課長だと思いました。

しかし、今思うと課長の気持ちがよくわかります。

いくら手順のことであれ、もう少し自分なりに考え「こうするんでしょうか？」と聞いてみればよかったと反省しています。

社長でも、自分で何も考えず筆者に答えを聞いてくる人がいます。

「どうやって売上を上げたらいいのでしょうか？」。

これに即答できる人などいません。いたら、その人が社長になったほうがいいでしょう。売上を上げるためには、事業の内容や会社のおかれている環境を熟知して答えを出していかなければいけません。簡単な立ち話で答えが出るものではありません。

それなのに聞いてくる。気持ちはわかりますが、経営者としての責任を放棄しているように思います。答えを考えるのが経営者の仕事です。

外部ブレーンは、専門家の立場からヒントやアドバイスをする人たちです。

「俺の会社のことは俺が一番わかっている。しかしそれが正しいかどうかチェックしてもらう」。

そんな姿勢が、外部ブレーンをうまく使っていくコツなのです。

182 訓

大切な人のケアを忘れるな

人との出会いはとても大切です。多くの人と出会うことによって、よき相談相手を見つけたり一生の友ができたりします。

しかし、多くの人と出会うと、大事な人へのケアがおろそかになってしまうという落とし穴があります。

人と会って話している時間は、意外と早く流れてしまい、またその量の大きさになかなか気づかないようです。

人と会っている時間が、自分にとって活かされている時間なのか、それとも自分にとってはマイナスにはなっていないか、冷静に見極める必要があります。

相手に対する思いやりがある人ほど、アポイントを断れずに会ってしまうということがあるようです。

どうでもよい人と会って、大事な人と会う時間がなくなってしまうことこそ、避けなければならないことです。

出会いは多く、大事な人のケアは忘れずに。

そんな心構えを持たないと、大切な時間はドンドンなくなってしまいます。

人と会っている時間は、あなたが思っている以上に早くそして多く流れています。

だから、その使い方には、十分に注意をしなくてはいけないのです。

自分に利がない人は、思い切って切る。

ダラダラとなんの効果も生まない付き合いは、思い切って止める。

そんな決断も、社長には求められるのです。

183 訓

優秀なブレーンほど顧客を選ぶ

社長にとって、どんなブレーンを持つかで経営の質は決まってしまうものです。特に後継社長にとって、優秀なブレーンを持つことはとても大切です。

後継社長は、経営の経験がまだ浅いものです。そんな未熟な中で確実に経営をしていくためには、経験豊かな外部ブレーンから適切なアドバイスをもらいながら経営をしていかなければいけません。

経験がないと、勘が働かず何をやったら成功するか失敗するか、見極められないからです。

外部ブレーンは、社長のほうに顔が向いている人でないといけません。監督官庁にほうに顔が向いていて、社長の利益を第一に考えてくれない人であれば、ミスリードされてしまいます。

そして、困り果てるのは社長です。

また、外部ブレーンは、いざというときに、逃げない人でなければいけません。例えば、「自分の国家資格を剥奪されることが怖い！」そんな人を、頼りにすることはできません。あなたの外部ブレーンは、「他者中心」の精神を持っているでしょうか。

社長のことを中心に考え、自分のことは二の次。そんな考えのブレーンでなければ、有事に社長を助けることはできません。

地獄まで付き合ってくれるかどうか？　そんな見極めが大切です。

ここで注意しなければいけないことは、「この社長とは地獄まで付き合おう」とブレーンに思わせるほどの魅力的な人間性を社長が持っているか？ということです。

そう思わせる魅力がなければ、優秀なブレーンほど社長に付き合ってはくれません。優秀なブレーンほど、実は顧客を選ぶものなのです。

自分の力になってくれる優秀なブレーンを持ちたいならば、社長自身が自分を磨かなければいけないことを知っておいてください。

184訓

若さは未熟さではない

筆者は、23歳で家業を継いだので、周囲からいろいろいわれました。

若いからダメだ。

若いから無理だ。

勝手なことをいわれて、悔しくて寝れない夜もたくさんありました。

あれこれいわれると、すぐに反発してしまうのは、そんな環境に長くいたからかもしれません。

いつしか、人は2種類しかいないと思うまでになってしまいました。

歳など関係なく一人の人間として認めてくれる人。

年齢で判断して若い人をバカにする人。

そんな考えを持ってしまう狭量な人間になっていました。

若い後継者の方にお会いすると、今でも同じようなことで悩んでいる後継者が多いことに気づきます。

年齢が若いというだけで、ダメと決め付けられてしまいます。

若いということは、未熟ということではありません。

若くても成熟している人はたくさんいます。

若くても、すごいなぁと思える人はたくさんいます。

若さは未熟さではありません。

ただただ、経験がないだけです。それだけです。

若い人は、時間が経てば、必ず自分の力を発揮するときがきます。必ずです。

だから、希望を捨てず足元を見て一歩ずつ進んでください。

そうすればきっと大成することでしょう。

決して筆者みたいに、卑屈にならないでほしいと思います。

185
訓

選んだ道をどう進むか

後継者にとって、自分の進路を決めることは一大事です。
先代の跡を継いだほうがよいのか？
継いでもしっかりやっていけるだろうか？
やはり自分のやりたいことをやったほうがよいだろうか？
様々な、悩みや葛藤があるものです。
「自分の道は、どっちだ？」
「自分の道は、どう選べばいいのか？」
しかし、人生として考えたとき、道をどう選ぶかということは、あまり重要ではありません。

道は、無数にあります。
選んだ道も、引き返して、迂回路を通って、別な道に行くことができます。
だから、道を選ぶことはさして大切ではありません。
大切なことは、選んだ道をどう進んでいくかです。
何も考えずに、ボ〜ッと過ごして進んでいくのか。
視野を広げ、出会いを大切にして、進んでいくのか。
大きな違いです。
道を選ぶことよりも、どう進むか。
そのことを百倍も二百倍も注意してほしいと思います。

186訓

徐々に自分色に染めていこう

「社長になったから、何か新しいことをしなくては！」。

そんなふうに焦っている後継者の方がいます。

「早く自分の会社にしなくては！　新しい時代に乗り遅れる！」。

そんなふうに駆け足になる後継者の方もいます。

後継者は、あせって急ぎ足でいろいろなことをすると、なかなかうまくいきません。

それは、経営の経験が少ないということもあるでしょう。

もちろん、経験を積むデメリットもありますし、経験があればうまく経営できるものではありません。

しかし、経営には、経験から学んでいくことが多いのです。

後継者は、履歴現象にも悩まされます。

履歴現象とは、過去に起きたことによって現在が縛られる現象のことです。ヒステリシスともいわれます。

先代が作った文化・風土は、なかなか払拭することはできません。

先代の文化・風土とどう付き合いどう舵を切るのか、後継者にはそんな技術が求められます。

一気に自分色に染めようとしても、進まないものなのです。

ポイントは、徐々にということです。少しずつ、確実にです。

少しずつでも、時が経てば大きな一歩になっているはずです。

187訓

受け継いだものを減らさない

後継経営の本質は、受け継いだものを減らさないということです。

先日、数代にわたって商売をされている後継者の方と話をする機会がありました。

まだお若いのですが、素晴らしいお考えをお持ちなので、

「何か、家訓というか、先祖代々受け継がれているものはありますか？」とお聞きしました。

すると、その方は、すぐにこういわれました。

「あります。それは、受け継いだものを減らさない、ということです」。

「う～ん」と、うなってしまいました。

まさに、後継経営の本質を家訓とされておられるのです。

減らさないということは、守って何もしないということではありません。

この後継者の方も、減らさないために積極的に新製品を生み出してます。

減らさないために、攻めることも必要なのです。

後継経営は、派手さがなく地味でコツコツとやっていくものです。

創業経営のような華やかさはありません。

やって当たり前。これが後継経営なのです。

減らさないこと。

続けること。

それは、創業以上に大変ですが、なかなか評価もされないものです。

しかし、それが後継経営なのです。

増やそう、大きくしようと、筆者みたいに無理をしないでほしいと思います。

188 訓

事件・事故は後継者の腕の見せ所

「お客様から、こんな苦情が来ました！」

「社員の一人が、事故に巻き込まれました！」

このような事件や事故は、突然起こるものです。

突発的な事件・事故には、社長の本音や本当の姿が出てしまうものです。

慌てふためいておろおろするばかり。

面倒なことはいやなので、部下に処理を頼んでしまう。

事なかれで、くさいものに蓋をする。

そんな社長の姿を見て、社員はどう思うでしょうか。

慌てふためく船長さんの船に乗りたいと思いますか？

とにかく冷静に対応すること。

早めに、弁護士など専門家に相談をすること。

就業規則に則って処罰すること。

間違ってもやってはいけないことが、自分が何も決断しない、手を下さないということです。

このような事件・事故のときこそ、後継者の価値観・判断基準を示す格好のチャンスです。

企業文化は、毎日毎日の意思決定の積み重ねで作っていくものです。

逃げてはいけません。

腕まくりして、「よし！　やるか！」と意気込むくらいを期待したいものです。

189訓

“同族会社＝悪”ではない

筆者は、社長時代、「同族会社は悪だ！」と信じていました。

同族会社は、

社員がやる気にならない

社員が、同族の顔色ばかり見るようになる

マイナス情報が、社長まで届かなくなる

事なかれ主義がはびこる

優秀な人材が入社してこない

企業の成長が止まる

など、デメリットが多いといわれます。

筆者も、「同族会社はいけないのだ！」と思っていました。

しかし、そんな偏った考えを持ったために、無理をして親族を排除し、後々に大問題を起こしてしまいました。

もっと視野を広げて柔軟に対応すればよかったと反省しています。

同族会社も、先にあげたように一概に悪い面ばかりではありません。

利益を同族で分け合うということも、社員が納得してくれていれば問題はありません。

“同族会社＝悪”という価値観をお持ちであれば、もう少し視野を広げて物事を考えて見ることもいいかもしれません。

すべてを受け入れ、その中でどう対応するか、そんな余裕が持てるようになってほしいと思います。

190訓

親族との争いでは実利を選べ

親族との争いは、昔から骨肉の争いになるといわれます。親族だと、遠慮もなくなるのでしょう。

他人であれば、「それをいったらまずいでしょ」というようなことも、ズケズケといってしまうものです。

後継者が会社の中に入っていくと、親族、特に叔父さん叔母さんがいたりします。

先代が、まだ元気なうちは特に何も起こりません。

しかし、先代に万が一があったりすると、この親戚の人たちが豹変することが多々あります。

筆者のところに相談にみえた後継者の方でも、この手の問題を抱えている方は、大変多いものです。

筆者自身、叔父さんとの関係で裁判にまでなりました。足掛け10年以上にわたって争い、結局裁判所の和解を受け入れました。もう12、3年前のことにはなりますが、当時を振り返り反省していることがあります。それは、争いになると、どうしてもメンツや立場を重視して、実利を無視しがちになるということです。

筆者は、この事件で和解金総額で6,000万円の支出となりました。まったく利益を生まないことに、6,000万円も支出してしまったのです。

今であれば、のらりくらりやり過ごしていたと思います。若気の至りといってしまえばそれまでですが、多くの社長は、親族と争いになると実利を忘れてしまいます。

争いになったときこそ、費用対効果や自社の利益に固執してほしいと思います。これは当事者が意識するしかありません。

ぜひ、気をつけてほしい点です。

191 訓

周囲の雑音は気にしない

後継者は、どうしても周囲から先代と比較される宿命にあります。
筆者も、様々なことをいわれました。
「ボーッとしている」
「線が細い」
「ハングリー精神がない」
「気が利かない」
「人徳がない」
などなど。
悔しくて、テーブルの下でこぶしを握り、手が震えたことは一度や二度ではありませんでした。

そんな悔しさをばねに、頑張ってきました。
筆者が倒産したとき、あれこれいう人たちは、どうだったでしょうか。
皆さん、パーッと筆者から遠ざかって行きました。
あれこれいう人に限って、いざとなると無責任に逃げてしまうものです。
後継者の皆さんも周囲からあれこれいわれている日々だと思います。
しかし、そんな人たちのいうことをいちいち気にしてはいけません。
所詮、彼らは無責任なのです。

自分の発言に責任を持っている人は、安易に人と人とを比較したりはしないものです。
周囲の雑音は無視するに限ります。
あなたの評価は、あなたが決めればいいのです。

192訓

創業経営を真似するな

後継者はどうして失敗をしてしまうのか？　様々な原因があります。
後継者の人間性に問題がある場合もあります。
経営手法を知らずに、失敗をする場合もあります。
情報不足で、判断ミスを起こして失敗する場合もあります。
しかし、後継者で一番多いのは、無理をしてしまうということです。
そして、創業経営と同じことをしようと思ってしまうことです。

創業経営は、無から作り出すクリエイトする力が求められます。
無から作り出すわけですから、最初は混沌としています。
混沌とした中から、一筋の光を見つけ、それを頼りに進んでいきます。
進むことが一番求められますから、それ以外の、例えば人間関係をどうするかなど、当然二の次三の次になります。

後継経営は、作り出すよりも受け継いだものの形を変えることが求められます。
自分の好きな姿に少しずつ変えていく力です。リフォームする能力とでもいえるでしょうか。
だから、後継経営は地味で派手さはありません。コツコツとやっていくもので、やって当たり前といわれるものです。
後継経営の特徴を知らずに、経営を行ってしまうと失敗をしてしまいます。創業者と同じ経営をしてしまうのです。

後継者の皆さんは、創業経営を真似ない、という認識をしっかりと持ってほしいと思います。

193訓

先代から仕入・調達の極意を盗め

どんな商いでも、仕入や調達があるものです。飲食業であれば、秘伝のレシピなども、この部類に入るでしょう。

この仕入や調達は、商売にとっては、一番「要」のところです。商いの命といってもよいでしょう。

これから事業を興そうという起業家の方の相談もお受けしていますが、いろいろな計画を聞いていて、一番甘いな、と感じるのは、実は資金計画などではなく、仕入や材料調達のところです。

「どうして、こんなに安定した仕入ができるのですか？」

「なぜ、この取引先があなたにこれだけ製品を売ってくれるのですか？」

「この仕入先が、あなたにもう製品を売らないといってきたらどうしますか？」。

このあたりの詰めが甘いのです。

仕入や調達ができなければ、商いは成り立ちません。お客様に来ていただいても、売るものがなければ、二度とそのお客様は来てくださらなくなります。

仕入や調達に一番詳しく、「極意」を持っているのが、先代です。

後継者の方は、この極意を先代から受け継ぐことができる、非常に恵まれた環境にいるのです。

仕入や調達の極意を、まずは受け継いでほしいと思います。何度もいいますが、ここが商売の肝だからです。

これを知ってしまえば、あとは、極端な話ですが、外部の力を使ってでもできることなのです。

しかし、仕入や調達に関しては、外部に委託したりお願いをすることはできません。

ぜひ、極意を早めに知るようにしてほしいと思います。

194訓

実績を作ろうとあせれば失敗する

先日、ある後継者セミナーで、講師がこういっていたそうです。

「親父を見返してやるような実績を早く作って、周囲に認めさせせろ！」。

あ～～あ、とため息が出てしまいました。

こんな指導者がいるから、後継者は勘違いをして間違いを起こすのです。

後継経営は、やった人でしかわかりません。

経験がない人は、この独特の感覚は理解できないと思います。

創業社長とは、求められるもの、そして立場がまったく違うのです。同じ社長と呼ばれるにも関わらずです。

周囲を認めさせようと、実績づくりをあせる後継者は多いものです。

しかし、そんな簡単に実績が作れるはずがありません。

経営には経験が必要なのです。

成果・実績を作ろうとしても、経験がなければ必ず失敗をします。

実績づくりを焦ってはいけません。少しずつ経験を積んでいくことが重要です。

人を引きつけるものは、派手な実績ではなく、真摯で誠実な気持ちで経営に携わるという日々の姿勢です。

後継者に求められるのは、そんな姿勢であると理解してほしいと思います。

195
訓

喧嘩もコミュニケーション

後継者の悩みで一番多いものが、先代と喧嘩をしているというものです。

全国の後継者の皆さんとお会いしていますが、先代がお元気なケースでは、ほとんどの後継者が先代と喧嘩をしています。

仲良くやっているケースなど、ほとんどありません。

しかし、喧嘩をすることは大切なことです。

喧嘩をしてでも、コミュニケーションをしないと、相手が何を考えているかわからないものです。

先代との関係で一番いけないことが、口をきかないということです。

お互い何も話さない、何も会話をしないという状況です。

これでは、お互い何を考えているかもわかりません。

喧嘩は気分が悪くなりますし、できればしたくないものです。

しかし、それを避けては、経営をよりよくしていくことも、事業継承を成功させることもできません。

喧嘩もコミュニケーションです。

喧嘩をすることで、見えてくるものもあるはずです。

喧嘩をしてでも、お互いにわかりあい、新しいことを生み出してほしいと思います。

196訓

誰よりも商品を熟知しているか

社長は、自社の商品について、自信を持って詳しく説明ができなくてはいけません。

しかし、後継者の場合は、自分で始めた事業ではありませんし、事業へ途中から参画していくわけですから、自分よりも自社の商品・サービスに対して詳しい社員がたくさんいます。

最初は、自分より詳しい人にあれこれ聞きながらでもいいですが、最後は誰よりも詳しくならなければいけません。

自社の商品に詳しくならないと、社員からの「真の信頼」を得ることはできません。

かくいう筆者がそうでした。父から継いだ婦人服小売業の扱う「婦人服」というものを、最後まで誰よりも詳しくなることができませんでした。

社員のほうが詳しいということは、社長の統率力がすべてにいきわたらないということです。

商品で社員を束ねることができないので、管理＝マネジメントに走り、結果として経営がおかしくなったと反省しています。

自分は「管理＝マネジメント」をやっていけばいいと思っている後継者は注意してください。

社長は誰よりも自社の商品・サービスに強くならなければいけないのです。

これが、中小企業経営のコアである、と思います。

197
訓

継がせることは最後の試練

事業を継がせる親父さんは、よくこういいます。
「まだまだ息子はダメだ」
「もうちょっとしっかりしてからだ」

そんな親父さんに対して、筆者は、いつもこういいます。
「もう大丈夫という日は永遠に来ません。まだまだだけど、もういいか！」
この思い切りがないと事業継承はいつまでたってもできません。

もう大丈夫という日を待っていたら、いつまでも事業は渡せません。なぜなら、子供はいつまでも子供だからです。
子供のうちから、良い点を認めることができない親父さんは、ずっと子供を認めることはできず、継がせることもできません。

若い後継者の方も、こんな話はまだ早いと思わないでください。
人の良い点を認め、誉めることができなければ、あなたも事業継承はできなくなります。
良い点を認めること、誉めること。これは重要な経営スキルの一つです。

事業を継がせるために、最後に必要なことは後継者がまだ未熟だが、そろそろ任せるか、そんな勇気が求められるのです。
継がせることは先代にとって、最後の試練と心得てください。

198訓

後悔する人生を送るな

後継者といえども、人生は一度きり。

後継者だから、親父の事業を継がなければいけないという法律があるわけでもありません。

後継者も職業選択の自由はあるのです。

だから、絶対に後悔する人生を送ってほしくないと思います。

どんなことをするにも、納得して行動してほしいと思います。

自分に嘘をついた人生ほど、辛いものはありません。

筆者は、ずっと自分に嘘をついていました。

本当は、もっと別なことがしたかった。

しかし、親父が休まず働き作り上げた会社を潰してはいけない。そんな義務感が先にたち、自分を奮い立たせて経営をしてきました。

人生の折り返し地点といわれる35歳。自分の人生のことを考えました。

今まで一生懸命やってきたけれど、このまま俺の人生終わっていいのだろうか。

筆者は、会社を継いだことも、会社を潰そうと決めたことも後悔はしていません。それだけは、胸を張っていえます。

多くの後継者の方々のお悩みを聞いていると、いつも思います。

「やりたいことをやってごらんよ。ぐずぐず言っているのが一番まずいよ」。

一度きりの人生。決して後悔はしないでほしいと思います。

199訓 義務感で継ぐな

筆者は、後継者向けのセミナー・講演で、「やりたいことをやってくれ！　親父の仕事がいやなら継がなくていいんだ！」と叫びます。

これは、二代目社長を体験してきて、本当に伝えたいことの一つです。

「後悔しない人生を送ってほしい！」と心から願っています。

先日あるセミナーでこの話をしたら、懇親会でこんな意見を聞きました。

「やりたいことをやるのは道楽。やりたくなくてもやらなくてはいけないのが仕事。二条さんのいっていることは道楽だ！」。

う～～んと唸ってしまいました。この二代目に、こんな価値観を植えつけたのは誰なのか？　この二代目がとてもかわいそうに思いました。

「あなたの人生は、それでいいの？」

そう聞き返してしまいました。

今の世の中、やりたいことを三食食べることを忘れるほど没頭してもうまくいくかどうかわからない。そんな厳しい時代です。

ましてや、やりたくないことを仕事だからといって、いやいやしてもうまくいくわけがありません。

やりたくないこと、好きではないことでもやって儲かる時代は、とうに終わりを遂げているのです。

仕事に義務を持ち込んでは、うまくいきません。

朝起きて、わくわくするほど楽しいこと、つらいけど大変だけど、でも元気が沸くようなこと。これをすることが事業の原点です。

義務感だけで継ぎ、仕事をしていると、以前の筆者のように鬱状態になってしまいます。

これからの後継者の皆さんには、とにかく自分の人生は自分で作る。そしてやりたいことをやる。そんな人生を選んでほしいと思います。

200訓

ひるむな自信を持て

自信が持てずに、立ち止まっている後継者の方々はたくさんいます。
自信が持てるようになるにはどうしたらいいか？
こんな質問もよくあります。

自信が最初からある人なんていません。
皆さん、自信なんかないのです。
それでも、「やるぞ！」って向かっていって一歩前に踏み出した人だけ自信が持てるのです。
自信は、行動の結果です。
「おお！　自信ついたぞ」と、あとから思えるものです。

自信をつける方法が一つあります。
あなたの周りに褒め上手な人はいませんか？　こちらが恥ずかしくなるくらい誉めてくれる人です。
そんな人に会って、褒めてもらうということをしてみましょう。
褒め上手な人と話をしていると、不思議と元気になるものです。

誰でも、未知のことはひるみます。躊躇します。
筆者だってそうでした。会社を潰して再出発するとき、不安ばかりでした。本当に、これから生きていけるのだろうか真剣にそう思いました。
でも、「できる！」と飛び込んだ人にだけ、成功は転がり込んでくるのです。
思い切って、未知の世界へ飛び込んでほしいと思います。

おわりに

私の父は、1986年6月に肝臓ガンで亡くなりました。享年52歳でした。

生前、父からこれといって家訓・教訓めいたものをもらったということはありませんでしたが、それでもいくつか鮮明に記憶に残っているものがあります。

・保証人には絶対になるな！

・よい友達と付き合え！

・印鑑を他人に渡すな！

・英語をマスターしろ！

・まめに手紙を書け！

・無駄遣いするな！

父は、もっともっとたくさんのことを教えてくれていたのだと思いますが、私自身の受け止め方が悪く、その多くは忘れてしまっているようです。

しかし、記憶にはなくても無意識に植えつけられていることもあったように思えます。そうでなければ、私自身の経験・知力では、ここまで教訓を生み出せなかったでしょう。父の教えが、私自身は気づかなくても意識の深いところに埋め込まれていたに違いありません。

父からそして多くの先輩社長から教わってきたことを、私というスピーカーを通してできるだけ多くの「これからの経営者」に伝えていくことが、今の私の使命であると感じています。

そして、それが父や先輩社長に対する恩返しでもあると思っています。

「伝えていく」。本当に大切なことです。伝えていけば、次の世代は自分と同じ間違いや過ちを犯さずにすみます。

伝えていくことによって、経営もそして人間も世代を経るごとに進歩・進化していくことができるのです。

皆さんも、次の世代へ伝えるということをぜひ実行してほしいと思います。

今回の執筆も、たくさんの皆さんにお世話になり、また励ましていただき上梓することができました。

先達への深い感謝と明るい未来への希望に胸を膨らませ、ひとまずここに筆を置きたいと思います。

二条　彪

成功する社長のための経営訓をメルマガで毎日お届けしています！
http://www.koukeisha.jp/からご登録ください！

著者略歴

二条　彪（にじょう　たけし）

1961年生まれ。中央大学卒。23歳で家業である婦人服専門店チェーン（当時9店舗）の二代目社長となる。2000年会社を整理し社長生活にピリオドを打つ。16年間にわたる経営者経験、アパレルメーカーの起業経験をベースに、コンサルティング・講演・セミナー・執筆等、幅広い活動を展開中。
経営者の心理を知り尽くした実践的なアドバイスを得意とし、孤立しがちな経営者をサポートするためのメンタルケアも高い評価を得ている。2005年に後継者支援のための「㈱国際後継者フォーラム」を立ち上げ，悩み多き後継者の本格的なサポートを開始。
㈱日本トップマネジメント研究所代表取締役　http://www.top-management.jp/
NPO法人「Jungle」代表理事　http://www.e-jungle.jp
中小企業診断士、産業カウンセラー、キャリアディベロップメントアドバイザー。
主な著書に「二代目経営の掟」（ダイヤモンド社）「倒産から学ぶ成功する経営」（風塵社）「必ずうまくいく後継者の育て方」（長崎出版）「二代目社長の百訓」（ジェイック）など多数。
株式会社　国際後継者フォーラム　代表取締役
〒107-0062　東京都港区南青山2-22-14フォンテ青山905
電話　03-3403-8018　FAX　03-3478-4000
ホームページ　http://www.koukeisha.jp
Eメールアドレス　nijou@koukeisha.jp

起業・後継社長に伝える経営力200訓

2006年３月７日　発行

著　者　二条　彪　
発行人　森　忠順
発行所　株式会社セルバ出版
〒113-0034
東京都文京区湯島１丁目12番６号高関ビル３Ａ
☎ 03（5812）1178　FAX 03（5812）1188
http://www.seluba.co.jp/
発　売　株式会社創英社／三省堂書店
〒101-0051
東京都千代田区神田神保町１丁目１番地
☎ 03（3291）2295　FAX 03（3292）7687

印刷・製本所　中和印刷株式会社

Printed in JAPAN
ISBN4-901380-49-4